물댄 동산

이영훈 지음

교회성장연구소

: 들어가는 말

　가족은 하나님께서 우리에게 주신 귀한 선물입니다. 가정은 마음을 쓰는 데 있어 그 어떤 공동체보다 우선되어야 하며, 우리의 마음을 다해 사랑할 수 있는 제1의 선교지가 되어야 합니다.
　그러나 때로는 가족이 가장 무거운 십자가가 되어 우리의 삶을 짓누르기도 합니다. 사랑이 깨어지고 서로 상처를 남기는 사이가 되기도 합니다. 그럴 때 가정에서 가장 먼저 회복해야 할 것이 예배입니다. 가족이 연합하여 찬송하고 마음을 나누며 예수님을 높일 때 하나님께서는 그 가정을 책임져 주십니다.

　신앙은 부모가 자녀에게 물려줄 수 있는 가장 큰 유산입니다. 자녀가 장성해서 세상과 부딪칠 때 믿음의 뿌리가 없다면 힘없이 넘어질 수 있습니다. 하지만 어렸을 때부터 가정예배를 통해 쌓아 온 믿음이 있다면, 잠시 방황하더라도 곧 제자리를 찾게 됩니다.
　가정예배를 결심해 놓고 작심삼일로 끝나도 좋습니다. 작심삼일이 모여 1년이 되고, 2년이 됩니다. 일주일에 한 번이어도 좋습니다. 우리 가정은 무슨 일이 있어도 하나님 앞에 반석이 되겠다는 결단을 하고 나아가십시오.

　『물 댄 동산』은 우리가 신앙생활을 하면서 당면하게 되는 문제와 고민거리를 '나눔의 시간'과 '결단의 시간'을 통해, 가족이 함께 나누고 교제할 수 있도록 했습니다. 또한 1~3월, 4~6월, 7~9월, 10~12월 총 네 권으로 구성했으며, 각 시기에 어울리는 주제를 다양하게 다룸으로써 가정에서도 균형 있는 예배를 드릴 수 있도록 했습니다.

  부디 『물 댄 동산』을 통해 예배에 승리하여 빛으로 세상을 비추는 가정, 성령충만한 가정이 되기를 소망합니다.

여의도순복음교회 담임목사 | 이 영 훈

: 목 차

7월 *July*

1일	이신득의 • 12
2일	우리를 위하여 일하실까 • 14
3일	물과 불 가운데서도 • 16
4일	하나님을 믿으라! • 18
5일	들음에서 나며 • 20
6일	믿음의 주 • 22
7일	믿음의 방패 • 24
8일	두려워 말라 • 26
9일	의심하지 말라 • 28
10일	기다림 • 30
11일	네 믿은 대로 될지어다 • 32
12일	믿음의 태도 • 34
13일	구원 • 36
14일	치유의 믿음 • 38
15일	구원의 확신 • 40
16일	실천하는 믿음 • 42
17일	'아멘'의 축복 • 44
18일	네 손을 내밀라 • 46
19일	순종의 훈련 • 48
20일	누구를 따를 것인가? • 50
21일	무슨 말씀을 하시든지 • 52
22일	광야로 가라! • 54

23일 떨어지지 않는 통의 가루와 병의 기름 • 56
24일 하나님의 질서 • 58
25일 지도자의 권위에 순종하라 • 60
26일 돌을 옮겨 놓으라 • 62
27일 불순종에서 벗어나라 • 64
28일 순종의 종 • 66
29일 성화 • 68
30일 감사하라 • 70
31일 기적을 일으키는 믿음 • 72

8월

1일 충만한 은혜 • 76
2일 성령충만과 담대함 • 78
3일 하늘을 우러러 • 80
4일 성령충만을 사모하라 • 82
5일 신령한 지혜 • 84
6일 성령충만을 유지하라 • 86
7일 자신을 죽이는 것 • 88
8일 무한대 성장 • 90
9일 열정 • 92
10일 지혜 • 94
11일 세월을 아끼라 • 96
12일 성령으로 충만하라! • 98
13일 능력의 비결 • 100

14일	정성스러운 헌금 •	102
15일	준비하라 •	104
16일	예수를 깊이 생각하라 •	106
17일	다 주의 것 •	108
18일	정결케 하라 •	110
19일	함께 즐거워하고, 함께 울라 •	112
20일	하나님께 영광을 돌리라 •	114
21일	하나님의 음성을 듣는 삶 •	116
22일	주님께 하듯 하라 •	118
23일	교회 사랑 •	120
24일	십일조의 의미 •	122
25일	칭찬받는 사람 •	124
26일	소외된 사람의 편 •	126
27일	충성 •	128
28일	빛의 자녀답게 •	130
29일	어리석은 변론을 피하라 •	132
30일	지혜롭게 행하라 •	134
31일	겸손하라 •	136

9월 *September*

1일	천국 •	140
2일	하나님의 자녀답게 •	142
3일	환난이 변하여 •	144
4일	하나님의 은혜 •	146

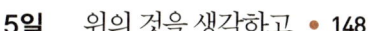

5일	위의 것을 생각하고 • 148
6일	속량 • 150
7일	축복의 통로 • 152
8일	인내와 연단과 소망 • 154
9일	고난은 위장된 축복이다 • 156
10일	죄인을 부르러 오신 예수님 • 158
11일	삼중축복 • 160
12일	풍성한 은혜 • 162
13일	르호봇 • 164
14일	하나님의 생각 • 166
15일	십일조의 복 • 168
16일	사람 막대기와 인생 채찍 • 170
17일	주의 손 • 172
18일	기도의 복 • 174
19일	윈-윈 전략 • 176
20일	부활의 주님 • 178
21일	부모의 기도 • 180
22일	칭의 • 182
23일	그분의 형상대로 • 184
24일	다윗의 장막의 회복 • 186
25일	아름다운 연합 • 188
26일	믿음의 가정 • 190
27일	축귀 • 192
28일	기쁨 • 194
29일	성경 • 196
30일	쉐마 이스라엘 • 198

July

믿음_ 순종

7월 *July*

7월 1일

믿음_순종

이신득의

신앙고백 | 사도신경
찬송 | 540, 542장
본문 말씀 | 갈라디아서 3장 5-7절

> 너희에게 성령을 주시고 너희 가운데서 능력을 행하시는 이의 일이 율법의 행위에서냐 혹은 듣고 믿음에서냐 아브라함이 하나님을 믿으매 그것을 그에게 의로 정하셨다 함과 같으니라 그런즉 믿음으로 말미암은 자들은 아브라함의 자손인 줄 알지어다

아브라함은 지금으로부터 4천 년 전 사람으로, 모세의 율법이 주어지기 6백 년 전에 살았습니다. 아브라함이 율법이 존재하기도 전에 하나님 앞에서 의롭다고 인정받을 수 있었던 이유는 그에게 있었던 믿음 때문입니다.

아브라함은 '하나님을 믿음'으로 '의롭다'고 인정받았습니다. 창세기 15장 6절을 보면 "아브람이 여호와(야훼)를 믿으니 여호와(야훼)께서 이를 그의 의로 여기시고"라고 기록돼 있습니다. 어느 날 천막 안에 있는 아브라함을 하나님께서 부르셨습니다. "아브람아, 나오너라. 하늘의 별들을 바라보아라." 하나님은 아브라함에게 수많은 별을 바라보게 하시고 이렇게 말씀하셨습니다. "네 몸에서 나올 자손이 저 하늘의 별처럼 셀 수 없이 많게 될 것이다." 아브라함은 하나님의 약속을 믿었습니다. 믿음으로 하나님의 약속을 바라보던 아브라함은 그의 나이 100세가 되었을 때 마침내 이삭을 얻었습니다.

이처럼 믿음으로 하나님을 바라볼 때 축복이 임합니다. 기적이 다가옵니다. 오직 예수 그리스도를 믿음으로 하나님이 주시는 구원과 축복과 기적을 경험하게 되기를 소망합니다.

💗 나눔의 시간

당신은 다른 누군가를 잘 믿어주는 사람입니까? 아니라면 그 이유는 무엇인지 각자의 마음을 나눠 봅시다.

💗 결단의 시간

하나님께 받은 약속의 말씀이 있습니까? 어떤 약속입니까? 아브라함과 같이 그것이 성취될 것을 믿기로 결단합시다.

💗 함께하는 기도

하나님 아버지, 주님은 신실한 분이심을 고백합니다. 주님이 주신 약속은 반드시 성취될 것을 믿습니다. 아브라함에게 이삭을 허락하신 것처럼 오늘 우리 삶과 가정에도 하나님의 약속이 성취되기를 원합니다. 하나님의 은혜와 복을 받을 수 있는 믿음을 허락해 주옵소서. 예수님의 이름으로 기도합니다. 아멘.

💗 암송 말씀

아브라함이 하나님을 믿으매 그것을 그에게 의로 정하셨다 함과 같으니라
_갈라디아서 3:6

💗 주기도문

7월 2일

우리를 위하여 일하실까

믿음_순종

신앙고백 | 사도신경
찬송 | 94, 314장
본문 말씀 | 사무엘상 14장 6-7절

> 요나단이 자기의 무기를 든 소년에게 이르되 우리가 이 할례 받지 않은 자들에게로 건너가자 여호와야훼께서 우리를 위하여 일하실까 하노라 여호와야훼의 구원은 사람이 많고 적음에 달리지 아니하였느니라 무기를 든 자가 그에게 이르되 당신의 마음에 있는 대로 다 행하여 앞서 가소서 내가 당신과 마음을 같이 하여 따르리이다

　믿음은 하나님을 신뢰하는 것입니다. 아무리 힘들고 어려운 상황이라도 하나님의 은혜와 구원을 바라보는 것이 믿음입니다.

　블레셋과의 전쟁에서 이스라엘은 풍전등화와 같은 상황이었습니다. 블레셋 대군 앞에서 이스라엘 군대는 두려움에 사로잡혀 3천 명 중 2천4백 명이 도망갔고, 사울의 실수로 사무엘마저 군영을 떠난 상태였습니다. 승리는커녕 목숨도 부지하기 어려운 상황이었습니다.

　그런데 이 시점에 요나단은 공격을 계획합니다. "이 할례 받지 않는 자들에게로 건너가자 여호와야훼께서 우리를 위하여 일하실까 하노라." 그는 하나님이 일하시면 승리할 수 있다고 믿었습니다. 후퇴하는 것이 정상인 상황에서 선공을 결정한 것입니다. 믿음이 없으면 불가능한 행동입니다. 결국 요나단의 선공은 블레셋을 두려움에 떨게 했으며, 흩어진 이스라엘 군대를 다시 결집시켜 승리를 이끌어냈습니다. 하나님의 은혜가 임한 것입니다.

　우리도 주님을 믿고 신뢰함으로 요나단처럼 삶 속에서 믿음으로 승리해야 합니다. 믿음이 구원과 은혜의 길임을 기억하며 하나님을 소망하는 삶을 살아야 합니다.

나눔의 시간

절망스러운 상황 속에서도 정신을 차림으로 극복한 경험이 있다면 나눠 봅시다.

결단의 시간

어떤 경우에도 하나님을 기억하고 주님의 은혜를 구하는 것이 믿음입니다. 지금 믿음으로 선택해야 할 일이 있습니까? 어떻게 하는 것이 믿음의 선택인지 생각해 보고 결단합시다.

함께하는 기도

하나님 아버지, 언제나 믿음으로 선택하는 지혜가 있길 원합니다. 요나단처럼 고난 가운데서도 절망하지 않는 믿음을 갖기 원합니다. 어떤 상황에서도 주님의 일하심과 구원을 믿고 소망하기 원합니다. 그런 믿음으로 현재 처해있는 어려움 가운데서도 승리하는 삶과 가정 되도록 인도해 주옵소서. 예수님의 이름으로 기도합니다. 아멘.

암송 말씀

> 요나단이 자기의 무기를 든 소년에게 이르되 우리가 이 할례 받지 않은 자들에게로 건너가자 여호와_{야훼}께서 우리를 위하여 일하실까 하노라 여호와_{야훼}의 구원은 사람이 많고 적음에 달리지 아니하였느니라 _사무엘상 14:6

주기도문

7월 3일

믿음_순종

물과 불 가운데서도

신앙고백 | 사도신경
찬송 | 549, 552장
본문 말씀 | 이사야 43장 1-3절

> 야곱아 너를 창조하신 여호와(야훼)께서 지금 말씀하시느니라 이스라엘아 너를 지으신 이가 말씀하시느니라 너는 두려워하지 말라 내가 너를 구속하였고 내가 너를 지명하여 불렀나니 너는 내 것이라 네가 물 가운데로 지날 때에 내가 너와 함께 할 것이라 강을 건널 때에 물이 너를 침몰하지 못할 것이며 네가 불 가운데로 지날 때에 타지도 아니할 것이요 불꽃이 너를 사르지도 못하리니 대저 나는 여호와(야훼) 네 하나님이요 이스라엘의 거룩한 이요 네 구원자임이라 내가 애굽을 너의 속량물로, 구스와 스바를 너를 대신하여 주었노라

믿음이란 오직 주님만을 바라보며 말씀을 붙드는 것입니다. 우리 생각과 계획을 주님의 뜻과 계획으로 바꾸는 것입니다. 그럴때 놀라운 일이 일어나기 시작합니다.

  BC 587년 예루살렘 성전이 파괴된 후 바벨론에 포로로 끌려온 이스라엘 백성은 희망이 없었습니다. 왕과 제사장마저 포로가 된 상황에서 그들에게 남은 것은 미래에 대한 불안과 공포뿐이었습니다. 그때 하나님은 이스라엘 백성에게 구원자가 되어 주시겠다고 약속하셨습니다. 물과 불의 어려움을 극복하도록 인도해 주겠다고 선포하셨습니다.

  이스라엘 백성은 약속을 붙잡고 모든 상황을 역전시킬 주님을 찾았습니다. 그들은 바벨론 땅에서도 하나님의 말씀을 기억하고 안식일마다 하나님께 예배를 드렸습니다. 그 결과 BC 538년 다시 예루살렘으로 돌아와 성전을 재건

할 수 있었습니다. 주님의 약속이 믿음을 통해 성취된 것입니다.

우리도 이러한 믿음을 가져야 합니다. 우리의 마음보다 주님의 뜻과 계획을 따르는 것이 믿음입니다. 믿음이 물과 불 속에서도 구원하시는 하나님의 은혜를 체험하도록 우리를 인도할 것입니다.

나눔의 시간

두려움 때문에 일이 틀어진 적이 있습니까? 왜, 무엇이 두려웠습니까? 그때의 마음을 나눠 봅시다.

결단의 시간

그리스도인은 신앙의 힘으로 두려움과 고난을 극복해야 합니다. 주님을 믿고 그 뜻에 순종해야 합니다. 지금 우리를 향한 주님의 뜻이 무엇인지 살펴서 믿음으로 결단하는 시간을 가집시다.

함께하는 기도

하나님 아버지, 우리 삶은 물과 불 속에 있는 것처럼 위태롭습니다. 영적 전쟁이 너무나 치열합니다. 그 가운데서도 구원을 약속하시는 주님을 바라보기 원합니다. 구원의 약속이 성취되길 원합니다. 믿음을 가질 수 있는 지혜와 용기를 허락해 주옵소서. 예수님의 이름으로 기도합니다. 아멘.

암송 말씀

> 네가 물 가운데로 지날 때에 내가 너와 함께 할 것이라 강을 건널 때에 물이 너를 침몰하지 못할 것이며 네가 불 가운데로 지날 때에 타지도 아니할 것이요 불꽃이 너를 사르지도 못하리니 _이사야 43:2

주기도문

7월 4일

믿음_순종

하나님을 믿으라!

신앙고백 | 사도신경
찬송 | 478, 490장
본문 말씀 | 마가복음 11장 22-24절

> 예수께서 그들에게 대답하여 이르시되 하나님을 믿으라 내가 진실로 너희에게 이르노니 누구든지 이 산더러 들리어 바다에 던져지라 하며 그 말하는 것이 이루어질 줄 믿고 마음에 의심하지 아니하면 그대로 되리라 그러므로 내가 너희에게 말하노니 무엇이든지 기도하고 구하는 것은 받은 줄로 믿으라 그리하면 너희에게 그대로 되리라

　모든 것을 주님께 맡기고 살면, 주님이 주시는 기쁨이 넘치고 평안과 은혜가 우리 삶에 가득하게 됩니다. 삶의 어려운 문제를 해결해 주실 뿐 아니라 영혼이 잘됨 같이 범사가 잘되고 육신이 강건하게 되는 축복을 허락해 주십니다.

　하지만 우리는 때때로 '걱정도 팔자'라는 속담처럼 불안해하며 염려와 걱정으로 밤을 지새웁니다. 그런 우리에게 주님은 "하나님을 믿으라"고 명령하십니다. 우리가 구한 것을 하나님이 응답하실 것을 믿으라고 말씀하십니다. 나아가 하나님의 역사가 우리의 믿음을 통해 이루어질 것이라고 선포하십니다.

　하나님은 우리의 모든 것을 아시고 늘 좋은 길로 인도하시면서 필요한 모든 것을 예비해 놓으십니다. 그러므로 믿음의 사람은 모든 것을 주님께 맡깁니다. 찬송가 384장의 가사처럼 "믿음으로 사는 자는 하늘 위로 받겠네 무슨 일을 만나든지 만사형통하리라"라고 고백하며 승리하는 삶을 살아야 합니다.

나눔의 시간

자녀로서 '이건 내가 생각해도 무리야' 라고 여겨지는 요청을 부모님께 한 적이 있습니까? 부모로서 자녀의 요청을 들어주기 위해 무리한 적이 있습니까? 각자의 경험을 나눠 봅시다.

결단의 시간

지금 현재 고민하고 염려하는 것은 무엇입니까? 걱정과 염려는 믿음의 행위가 아닙니다. 이 시간 걱정과 염려 대신 주님께 더 간구하면서 주님이 이루실 일을 기대하기로 결단합시다.

함께하는 기도

하나님 아버지, 믿는 자에게 주시는 하나님의 형통을 누리기 원합니다. 걱정과 염려 대신 기도하는 자가 되도록 인도해 주옵소서. 기도한 것은 받은 줄로 믿는 자가 되도록 역사해 주옵소서. 오늘 우리 가정 안에 모든 염려와 걱정이 믿음으로 바뀌기를 소망합니다. 예수님의 이름으로 기도합니다. 아멘.

암송 말씀

> 그러므로 내가 너희에게 말하노니 무엇이든지 기도하고 구하는 것은 받은 줄로 믿으라 그리하면 너희에게 그대로 되리라 _마가복음 11:24

주기도문

7월 5일

들음에서 나며

믿음_ 순종

신앙고백 | 사도신경
찬송 | 544, 545장
본문 말씀 | 로마서 10장 15-17절

보내심을 받지 아니하였으면 어찌 전파하리요 기록된 바 아름답도다 좋은 소식을 전하는 자들의 발이여 함과 같으니라 그러나 그들이 다 복음을 순종하지 아니하였도다 이사야가 이르되 주여 우리가 전한 것을 누가 믿었나이까 하였으니 그러므로 믿음은 들음에서 나며 들음은 그리스도의 말씀으로 말미암았느니라

성경은 읽으면 읽을수록 주님을 알고 은혜 가운데로 더 깊이 들어가게 합니다. 성경은 "그러므로 믿음은 들음에서 나며 들음은 그리스도의 말씀으로 말미암았느니라"롬 10:17고 말씀합니다.

주님의 말씀을 모르면 믿음이 생겨나기 어렵습니다. 그러므로 예수님을 믿지 않는 사람에게 성경 말씀을 전해야 합니다. 예수 그리스도의 십자가 죽음과 부활을 가르쳐 구원받게 해야 합니다. 로마서 10장 9절은 "네가 만일 네 입으로 예수를 주로 시인하며 또 하나님은 그를 죽은 자 가운데서 살리신 것을 네 마음에 믿으면 구원을 받으리라"고 말씀합니다. 예수님을 주로 고백하는 믿음을 가지려면 예수님이 누구신가를 깨달아야 하는데 예수님을 알려면 먼저 말씀을 읽어야 합니다.

또한 우리는 최선을 다해 가족에게 복음을 전해야 합니다. 예수님을 믿지 않는 가족을 위해 눈물로 하나님께 간구하면서 더 늦기 전에 복음을 전해야 합니다. 부모, 자녀, 친척이 우리가 전한 복음으로 구원받을 수 있도록 최선을 다해야 합니다.

나눔의 시간

습관적으로 하는 말이 있습니까? 어떤 말입니까? 그 말이 삶에 끼치는 영향력에 대해 생각해 보고 나눠 봅시다.

결단의 시간

부정적이고 걱정하는 말 대신 믿음의 언어를 사용할 것을 결단합시다. 우리의 언어에 복음을 담을 수 있도록 노력합시다.

함께하는 기도

하나님 아버지, 우리의 언어가 그리스도의 말씀으로 가득하기를 원합니다. 걱정과 염려, 불평 대신 믿음의 언어를 사용하도록 인도해 주옵소서. 복음을 선포하는 삶과 가정이 되게 하셔서 하나님의 구원을 성취하도록 역사해 주옵소서. 예수님의 이름으로 기도합니다. 아멘.

암송 말씀

그러므로 믿음은 들음에서 나며 들음은 그리스도의 말씀으로 말미암았느니라
_로마서 10:17

주기도문

7월 6일

믿음_순종

믿음의 주

신앙고백 | 사도신경
찬송 | 546, 549장
본문 말씀 | 히브리서 12장 1-2절

> 이러므로 우리에게 구름 같이 둘러싼 허다한 증인들이 있으니 모든 무거운 것과 얽매이기 쉬운 죄를 벗어 버리고 인내로써 우리 앞에 당한 경주를 하며 믿음의 주요 또 온전하게 하시는 이인 예수를 바라보자 그는 그 앞에 있는 기쁨을 위하여 십자가를 참으사 부끄러움을 개의치 아니하시더니 하나님 보좌 우편에 앉으셨느니라

믿음이란 무엇입니까? 우리가 말하는 믿음의 핵심은 무엇입니까? 그 핵심은 바로 '예수 그리스도'입니다.

성경은 "믿음의 주요 또 온전하게 하시는 이인 예수를 바라보자"고 말씀합니다. '믿음의 주'라는 표현은 영어로는 'the author of our faith'인데 믿음의 저자, 믿음을 만들어 주시는 분, 믿음의 창시자, 믿음의 출발점이 바로 예수님이라는 의미입니다. 또한 예수님은 우리의 믿음이 성장하여 완성될때까지 인도해 주시는 분입니다. 그러므로 성령을 받으면 마음 속에서 예수님이 살아 역사하심으로 인해 점점 그분의 모습을 닮아 가며 믿음이 자라게 됩니다. 또한 예수님의 사랑으로 풍성해져서 베풀고 나누며 사는 주님의 자녀가 됩니다. 따라서 진짜 성령의 사람은 믿음의 사람이자 사랑의 사람입니다.

그러므로 우리는 주님을 진심으로 찾고 바라봐야 합니다. "주여, 나를 성령의 사람으로 만들어 주옵소서. 믿음의 사람이 되게 하여 주옵소서. 사랑의 사람이 되게 하여 주옵소서."라고 소원해야 합니다.

👋 나눔의 시간

근묵자흑近墨者黑이라는 사자성어처럼 주변 사람의 영향으로 삶에 변화가 온 적이 있습니까? 그때의 경험을 나눠 봅시다.

👋 결단의 시간

믿음을 가지려면 주님을 가까이해야 합니다. 예배, 말씀, 기도 등의 신앙생활에서 최선을 다해 주님을 바라봐야 합니다. 오늘 믿음의 저자이신 주님을 찾기 위해 결단이 필요한 부분을 생각해 봅시다.

👋 함께하는 기도

하나님 아버지, 믿음의 주이신 예수 그리스도를 바라보기 원합니다. 주님을 가까이함으로 믿음을 갖기 원합니다. 예배, 기도, 말씀 묵상에 최선을 다해 주님을 찾기 원합니다. 주님을 향한 열정을 회복시켜 주시고, 주님이 주시는 믿음을 성취할 수 있도록 인도해 주옵소서. 예수님의 이름으로 기도합니다. 아멘.

👋 암송 말씀

> 믿음의 주요 또 온전하게 하시는 이인 예수를 바라보자 그는 그 앞에 있는 기쁨을 위하여 십자가를 참으사 부끄러움을 개의치 아니하시더니 하나님 보좌 우편에 앉으셨느니라 _히브리서 12:2

👋 주기도문

믿음_ 순종

7월 7일

믿음의 방패

신앙고백 | 사도신경
찬송 | 310, 320장
본문 말씀 | 에베소서 6장 16절

모든 것 위에 믿음의 방패를 가지고 이로써 능히 악한 자의 모든 불화살을 소멸하고

믿음만 있다면 사탄의 어떤 불화살도 능히 막을 수 있습니다. 사탄은 끊임없이 염려, 근심, 부정적인 생각, 원망, 불평, 음란, 미움, 갈등의 불화살을 쏘아 댑니다. 우리의 마음이 미움과 원망, 부정적인 생각으로 불타도록 쏘아대는 것입니다. 따라서 우리는 예수 그리스도를 믿는 믿음의 방패로 그것을 막아야 합니다. 믿음의 방패가 있다면 사탄이 아무리 불화살을 쏘아도 해를 당하지 않습니다.

우리는 믿음을 견고히 해서 사탄의 불화살이 절대 꽂히지 않게 해야 합니다. 불화살에 맞아서 마음에 미움이 들어오면 미움이 불타오르고, 원망과 불평이 꽂히면 원망과 불평이 불타오릅니다. 어떤 사람은 입만 열면 부정적인 말을 하고 남을 참소하고 욕합니다. 사탄의 불화살이 꽂히면 참소하는 영, 미워하는 영, 원망·불평하는 영에 맞아서 마음이 불타는 것입니다.

하지만 믿음의 방패는 몸 전체를 방어합니다. 허리띠는 허리를, 호심경은 가슴을, 신발은 발을 보호하지만 방패는 온몸을 다 보호합니다. 히브리서 11장 1절에서는 "믿음은 바라는 것들의 실상이요 보이지 않는 것들의 증거니"라고 말씀하고 있습니다. 그러므로 눈에 보이지 않고, 귀에 들리지 않고, 손에 잡히지 않아도 믿음으로 인내하시기 바랍니다. 우리가 믿음의 방패를 들고 인내할 때 사탄의 불화살을 능히 막고 승리할 수 있습니다.

나눔의 시간

반복해서 같은 시험에 빠진 경험이 있습니까? 왜 그런 일이 계속되는지 우리의 마음을 살펴봅시다.

결단의 시간

시험에 들 때마다 승리하기 위해서는 훈련이 필요합니다. 믿음으로 살아가는 훈련이 몸에 배야 진짜 어려울 때 힘이 되는 것입니다. 믿음을 단련하기 위해 훈련해야 하는 것은 무엇인지 생각해 봅시다.

함께하는 기도

하나님 아버지, 악한 자의 모든 불화살을 막는 믿음의 방패를 가지기 원합니다. 미움, 시기, 질투, 다툼의 불화살을 소멸시키기 원합니다. 믿음으로 시험을 이기고 극복하도록 인도해 주옵소서. 예수님의 이름으로 기도합니다. 아멘.

암송 말씀

모든 것 위에 믿음의 방패를 가지고 이로써 능히 악한 자의 모든 불화살을 소멸하고
_에베소서 6:16

주기도문

7월 8일

두려워 말라

신앙고백 | 사도신경
찬송 | 366, 384장
본문 말씀 | 민수기 14장 6-9절

> 그 땅을 정탐한 자 중 눈의 아들 여호수아와 여분네의 아들 갈렙이 자기들의 옷을 찢고 이스라엘 자손의 온 회중에게 말하여 이르되 우리가 두루 다니며 정탐한 땅은 심히 아름다운 땅이라 여호와야훼께서 우리를 기뻐하시면 우리를 그 땅으로 인도하여 들이시고 그 땅을 우리에게 주시리라 이는 과연 젖과 꿀이 흐르는 땅이니라 다만 여호와야훼를 거역하지는 말라 또 그 땅 백성을 두려워하지 말라 그들은 우리의 먹이라 그들의 보호자는 그들에게서 떠났고 여호와야훼는 우리와 함께 하시느니라 그들을 두려워하지 말라 하나

우리는 신앙생활을 할 때 두려워하면 안 됩니다. 민수기 13장을 보면 열두 명의 정탐꾼이 가나안 땅을 40일간 정탐합니다. 그 중 열 명의 정탐꾼은 두려움에 사로잡혀 "가나안 땅에는 기골이 장대한 거인들이 떡 하니 버티고 있다. 그들에 비하면 우리는 메뚜기에 불과하다"고 보고합니다. 그들은 '메뚜기 자화상'을 가지고 있었기에 원주민을 두려워한 것입니다.

반면 여호수아와 갈렙은 하나님을 향한 믿음을 가졌기에 가나안 땅의 거인들을 한낱 '먹이'로 보았습니다. 개역한글 성경에는 "그들은 우리 밥이라"라고 표현돼 있습니다. 여호수아와 갈렙은 '하나님의 백성'이라는 분명한 자화상이 있었기 때문에 두려워하지 않았습니다. 똑같은 현실 앞에서 자화상이 달랐기 때문에 전혀 다른 결론이 나온 것입니다.

결국 메뚜기 자화상을 가지고 두려움에 굴복했던 이스라엘 백성은 가나안 땅에 들어가지 못했습니다. 그러므로 우리는 두려워하지 말고 '하나님의 백성, 자녀, 상속자' 라는 담대한 믿음을 가져야 합니다.

나눔의 시간

동일한 사람인데 누구는 좋아하고, 누구는 싫어할 수 있습니다. 관점이 다르기 때문입니다. 자신이 호감을 갖는 사람과 비호감인 사람에 대해 나눠 봅시다.

결단의 시간

믿음은 세상의 관점이 아니라 하나님의 관점으로 보는 것입니다. 하나님 앞에서 우리가 어떤 존재인지를 바로 깨닫는 것이 중요합니다. 성경적인 관점으로 우리의 정체성을 선포하는 시간을 가집시다.

함께하는 기도

하나님 아버지, 우리는 메뚜기가 아니라 하나님의 거룩한 백성, 자녀, 제사장임을 기억합니다. 우리를 메뚜기처럼 여기게 만들고, 두렵게 만드는 것에서 떠나기 원합니다. 우리의 눈과 귀와 마음을 지켜 주옵소서. 예수님의 이름으로 기도합니다. 아멘.

암송 말씀

> 다만 여호와(야훼)를 거역하지는 말라 또 그 땅 백성을 두려워하지 말라 그들은 우리의 먹이라 그들의 보호자는 그들에게서 떠났고 여호와(야훼)는 우리와 함께 하시느니라 그들을 두려워하지 말라 하나 _민수기 14:9

주기도문

7월 9일

믿음_ 순종

의심하지 말라

신앙고백 | 사도신경
찬송 | 410, 412장
본문 말씀 | 마태복음 14장 28-31절

> 베드로가 대답하여 이르되 주여 만일 주님이시거든 나를 명하사 물 위로 오라 하소서 하니 오라 하시니 베드로가 배에서 내려 물 위로 걸어서 예수께로 가되 바람을 보고 무서워 빠져 가는지라 소리 질러 이르되 주여 나를 구원하소서 하니 예수께서 즉시 손을 내밀어 그를 붙잡으시며 이르시되 믿음이 작은 자여 왜 의심하였느냐 하시고

주님의 일을 감당할 때 인도하심을 믿으면서도 의심이 들 때가 종종 있습니다. 베드로도 믿음으로 물 위를 걸었지만 바람을 보고 나서는 물에 빠졌습니다. 이런 베드로를 향해 예수님은 의심하지 말 것을 강하게 명령하십니다. 믿음의 가장 큰 적이 의심이기 때문입니다. 의심이 생기면 순종하기 어려워지고 그렇게되면 우리를 향한 하나님의 계획도 지체됩니다.

주님의 역사는 의심이 아니라 믿음으로 일어납니다. 주님은 "내가 진실로 너희에게 이르노니 누구든지 이 산더러 들리어 바다에 던져지라 하며 그 말하는 것이 이루어질 줄 믿고 마음에 의심하지 아니하면 그대로 되리라" 막 11:23 고 말씀하십니다. 큰 문제와 어려움이 닥쳐서 우리가 볼 때 불가능해 보일지라도 의심하지 않고 믿음으로 나아가면 하나님의 놀라운 기적과 축복을 경험할 수 있습니다. 따라서 우리는 주님의 말씀과 명령을 의심하지 말고 믿고 나아가야 합니다. 그래야 주님의 역사를 믿음으로 성취할 수 있습니다.

🖐 나눔의 시간

삶 속에서 용기를 잃게 만들고 믿음을 의심하게 만드는 것이 있다면 무엇인지, 그 원인은 어디에 있는지 나눠 봅시다.

🖐 결단의 시간

예수님이 아닌 풍랑을 보면 의심하게 되어 물속에 빠집니다. 우리의 시선을 끝까지 주님께 고정해야 물 위를 걸을 수 있습니다. 어려움 속에서 고민하고 걱정하는 대신 예배하고 기도해야 믿음이 흔들리지 않습니다. 의심하기를 멈추고 끝까지 우리의 시선을 주님께 고정하기로 결단합시다.

🖐 함께하는 기도

하나님 아버지, 우리의 시선이 끝까지 주님께 고정되기 원합니다. 어떤 상황에서도 흔들리거나 의심하지 않고 주님만 신뢰하기 원합니다. 우리의 마음과 생각을 지켜 주옵소서. 걱정, 염려, 의심 대신 주님께 기도하고 예배하는 믿음을 가질 수 있도록 인도해 주옵소서. 예수님의 이름으로 기도합니다. 아멘.

🖐 암송 말씀

예수께서 즉시 손을 내밀어 그를 붙잡으시며 이르시되 믿음이 작은 자여 왜 의심하였느냐 하시고 _마태복음 14:31

🖐 주기도문

7월 10일

기다림

신앙고백 | 사도신경
찬송 | 428, 435장
본문 말씀 | 창세기 16장 3-4절

> 아브람의 아내 사래가 그 여종 애굽 사람 하갈을 데려다가 그 남편 아브람에게 첩으로 준 때는 아브람이 가나안 땅에 거주한 지 십 년 후였더라 아브람이 하갈과 동침하였더니 하갈이 임신하매 그가 자기의 임신함을 알고 그의 여주인을 멸시한지라

아브라함이 하나님의 약속의 말씀을 처음 들었던 때 그의 나이는 75세 였습니다. 하지만 약속이 이뤄져 아들 이삭이 태어났을 때 그는 100세 였습니다. 아브라함은 약속이 이루어지기까지 오랫동안 믿음을 가지고 기다려야 했습니다.

그런데 하나님의 약속을 받았음에도 불구하고 믿음을 지키지 못해 흔들린 일이 있었습니다. 아브라함과 그의 아내 사라가 믿음이 약해져 사라의 여종 하갈에게서 이스마엘을 얻은 것입니다. 이스마엘은 오늘날 아랍인의 조상이 되었고, 아브라함이 100세에 아내 사라에게서 얻은 이삭은 유대인의 조상이 되었습니다. 알다시피 유대인과 아랍인은 지금까지도 서로 싸우고 있습니다. 두 민족은 모두 아브라함의 후손이지만 서로 총을 겨누고 폭탄테러를 하는 통에 여기저기서 많은 사람이 죽고 있습니다. 아브라함이 주님의 때를 기다리지 못하고 아내가 아닌 여종을 통해 이스마엘을 얻은 결과입니다.

우리는 포기하지 말고 끝까지 기다려야 합니다. 믿음으로 인내하며 기다리면 하나님은 반드시 응답해 주십니다.

나눔의 시간
성급하게 행동해서 실수하거나 손해를 본 적이 있다면 나눠 봅시다.

결단의 시간
믿음의 사람은 하나님의 약속이 이루어질 것을 기대하며 하나님의 때를 기다릴 줄 알아야 합니다. 오늘 우리 삶에서 하나님의 때를 기다리며 인내해야 하는 것은 무엇입니까? 소망과 믿음을 가지고 하나님의 약속이 성취될 때를 기다리기로 결단합시다.

함께하는 기도
하나님 아버지, 믿음이 흔들려 성급하게 판단해서 실수하지 않기를 원합니다. 우리 삶에서 하나님의 은혜의 역사가 이루어질 것을 신뢰하기 원합니다. 소망을 가지고 하나님의 때를 기다리는 믿음을 허락해 주옵소서. 예수님의 이름으로 기도합니다. 아멘.

암송 말씀
아브람이 하갈과 동침하였더니 하갈이 임신하매 그가 자기의 임신함을 알고 그의 여주인을 멸시한지라 _창세기 16:4

주기도문

7월 11일

믿음_순종

네 믿은 대로 될지어다

신앙고백 | 사도신경
찬송 | 441, 445장
본문 말씀 | 마태복음 8장 9-13절

나도 남의 수하에 있는 사람이요 내 아래에도 군사가 있으니 이더러 가라 하면 가고 저더러 오라 하면 오고 내 종더러 이것을 하라 하면 하나이다 예수께서 들으시고 놀랍게 여겨 따르는 자들에게 이르시되 내가 진실로 너희에게 이르노니 이스라엘 중 아무에게서도 이만한 믿음을 보지 못하였노라 또 너희에게 이르노니 동 서로부터 많은 사람이 이르러 아브라함과 이삭과 야곱과 함께 천국에 앉으려니와 그 나라의 본 자손들은 바깥 어두운 데 쫓겨나 거기서 울며 이를 갈게 되리라 예수께서 백부장에게 이르시되 가라 네 믿은 대로 될지어다 하시니 그 즉시 하인이 나으니라

우리는 보통 기적이 임하기 위해서는 예수님의 옷자락을 붙잡거나 머리에 안수라도 받아야 한다고 생각합니다. 본문 말씀에 나오는 백부장은 그렇지 않았습니다. 얼마나 믿음이 큰지 그는 예수님께 "말씀만 하옵소서"라고 말했습니다. 그 믿음에 감탄하신 예수님이 "네 믿은 대로 될지어다"라고 말씀하시자 '그 즉시' 하인이 나았습니다.

이것이 진정한 믿음입니다. 말씀을 붙잡고 의심하지 않으며 "믿습니다!"라고 선포하면 기적이 일어납니다. 우리는 "하나님, 저에게 믿음을 주옵소서. 말씀을 붙잡고 절대로 의심하지 않게 하옵소서. 그래서 날마다 주님의 기적을 체험하게 하옵소서"라고 기도해야 합니다.

믿고 구하면 주님은 놀라운 은혜를 베풀어 주십니다. 기도를 하면서도 '과연 될까?'라고 의심한다면 이루어지지 않을 것입니다. 그러나 말씀을 의지하고 믿음으로 나아가면 하나님께서 놀라운 일을 이루어 주십니다.

나눔의 시간

'말 한마디로 천 냥 빚을 갚는다'는 속담처럼, 한마디 말로 덕을 본 적이 있습니까? 무슨 말이었고 어떤 행운이 찾아왔는지 나눠 봅시다.

결단의 시간

믿음은 주님이 약속을 지키시는 신실한 분임을 아는 것입니다. 예수님의 말씀의 권위를 인정하는 것입니다. 주님이 오늘 우리 삶에 은혜와 능력을 베푸실 것을 믿음으로 선포합시다.

함께하는 기도

하나님 아버지, 백부장처럼 주님의 권세를 인정하는 믿음을 갖기 원합니다. 우리가 믿는 대로 역사하시는 주님의 기적을 체험하기 원합니다. 믿음으로 우리의 신앙을 고백하며 나아갈 때, 주님의 은혜와 권능을 허락해 주옵소서. 예수님의 이름으로 기도합니다. 아멘.

암송 말씀

> 예수께서 백부장에게 이르시되 가라 네 믿은 대로 될지어다 하시니 그 즉시 하인이 나으니라 _마태복음 8:13

주기도문

7월 12일

믿음_ 순종

믿음의 태도

신앙고백 | 사도신경
찬송 | 455, 456장
본문 말씀 | 로마서 4장 18-22절

> 아브라함이 바랄 수 없는 중에 바라고 믿었으니 이는 네 후손이 이같으리라 하신 말씀대로 많은 민족의 조상이 되게 하심이라 그가 백 세나 되어 자기 몸이 죽은 것 같고 사라의 태가 죽은 것 같음을 알고도 믿음이 약하여지지 아니하고 믿음이 없어 하나님의 약속을 의심하지 않고 믿음으로 견고하여져서 하나님께 영광을 돌리며 약속하신 그것을 또한 능히 이루실 줄을 확신하였으니 그러므로 그것이 그에게 의로 여겨졌느니라

믿음은 참으로 놀라운 힘을 가지고 있습니다. 믿음으로 선포하면 그 선포가 우리 삶에 기적을 가져옵니다. 그러므로 예수님을 믿는 우리는 언제나 믿음의 고백, 믿음의 생각, 믿음의 행동만 해야 합니다. 그럴 때 주님이 우리를 책임져 주십니다.

주님은 믿음으로 사는 사람에게 "염려하지 마라. 걱정하지 마라. 슬퍼하지 마라. 괴로워하지 마라. 내가 너의 모든 문제를 알고 있다. 내가 너의 모든 문제를 해결해 줄 것이다"라고 말씀하십니다. 우리는 "주님이 나와 함께하신다. 나는 주님의 은혜로 산다. 여호와야훼는 나의 목자시니 내게 부족함이 없다. 그러므로 더 이상 염려하거나 걱정하지 않는다. 슬퍼하거나 괴로워하지 않는다. 나의 모든 것을 주님께 맡긴다"라고 믿음으로 고백해야 합니다. 이러한 믿음의 고백이 우리의 미래를 바꾸어 놓습니다.

예수님을 믿는다는 것은 세상 모든 걱정의 끝을 의미합니다. 우리가 믿는 예수님이 모든 문제의 해결사가 되시기 때문입니다. 그러므로 우리는 신앙생활을 하면서 걱정, 염려, 원망, 불평하지 말고 그러한 삶의 태도를 바꿔야 합니다.

나눔의 시간

염려하는 일이 있습니까? 그 일에 대한 태도는 어떻습니까? 그 태도가 삶에 끼치는 영향력에 대해서 생각해 봅시다.

결단의 시간

일체유심조―切唯心造라는 말은 모든 것은 마음먹기에 달렸다라는 뜻입니다. 어떻게 생각 하느냐에 따라 삶이 달라진다는 것입니다. 믿음을 생각하면 우리의 삶은 믿음의 삶으로 변합니다. 오늘 우리의 마음을 점검하여 믿음으로 채우도록 결단합시다.

함께하는 기도

하나님 아버지, 믿음으로 우리의 마음과 생각을 채우기 원합니다. 믿음의 생각, 믿음의 태도로 삶을 변화시키기 원합니다. 우리 삶에 믿음의 기적이 가득하도록 인도해 주옵소서. 믿음으로 미래가 변화되도록 역사해 주옵소서. 예수님의 이름으로 기도합니다. 아멘.

암송 말씀

> 믿음이 없어 하나님의 약속을 의심하지 않고 믿음으로 견고하여져서 하나님께 영광을 돌리며 _로마서 4:20

주기도문

7월 13일

믿음_ 순종

구원

신앙고백 | 사도신경
찬송 | 482, 500장
본문 말씀 | 고린도전서 1장 17-18절

> 그리스도께서 나를 보내심은 세례(침례)를 베풀게 하려 하심이 아니요 오직 복음을 전하게 하려 하심이로되 말의 지혜로 하지 아니함은 그리스도의 십자가가 헛되지 않게 하려 함이라 십자가의 도가 멸망하는 자들에게는 미련한 것이요 구원을 받는 우리에게는 하나님의 능력이라

신앙은 단순합니다. 예수님을 믿기만 하면 됩니다. 사도행전 16장 31절은 "주 예수를 믿으라 그리하면 너와 네 집이 구원을 받으리라"고 말씀합니다. 그냥 믿으면 됩니다. 예수님을 믿으면 믿는 사람뿐 아니라 온 가족이 구원을 받게 됩니다. 열심히 전도해서 우리를 통해 온 가족이 구원받는 놀라운 은혜를 경험해야 합니다. 성경의 핵심이라 할 수 있는 요한복음 3장 16절은 이렇게 말씀합니다. "하나님이 세상을 이처럼 사랑하사 독생자를 주셨으니 이는 그를 믿는 자마다 멸망하지 않고 영생을 얻게 하려 하심이라"

예수님을 믿으면 구원을 받고 영생을 얻습니다. 단지 믿기만 하면 됩니다. 아무리 유명한 사람도, 아무리 돈이 많아도 예수님을 믿지 않으면 천국에 갈 수 없습니다. 그러나 누구라도 예수님을 믿으면 천국에 갑니다. 이것이 우리의 기쁨이자 영원한 소망입니다. 또한 예수님을 믿는 우리는 모든 면에서 달라져야 합니다. 믿음으로 우리의 생각과 꿈, 말이 바뀌면 하나님의 큰 은혜를 누리며 살아갈 수 있습니다.

나눔의 시간

너무 복잡하게 생각하고 고민만 하다가 일을 그르친 경험이 있다면 나눠 봅시다.

결단의 시간

때로는 단순하게 믿고 행동하는 것이 정답일 때가 있습니다. 삶을 믿음으로 단순하게 변화시키는 것이 문제를 해결하기도 합니다. 이를 위해 필요한 것은 무엇인지 생각해 봅시다.

함께하는 기도

하나님 아버지, 믿음으로 구원받는 삶과 가정이 되기를 원합니다. 우리의 생각, 말, 꿈, 행동이 믿음으로 변화되기를 원합니다. 복잡하게 생각하지 않고, 단순하게 믿음으로 살아가도록 역사해 주옵소서. 예수님의 이름으로 기도합니다. 아멘.

암송 말씀

> 십자가의 도가 멸망하는 자들에게는 미련한 것이요 구원을 받는 우리에게는 하나님의 능력이라 _고린도전서 1:18

주기도문

7월 14일

믿음_ 순종

치유의 믿음

신앙고백 | 사도신경
찬송 | 436, 500장
본문 말씀 | 사도행전 14장 8-10절

루스드라에 발을 쓰지 못하는 한 사람이 앉아 있는데 나면서 걷지 못하게 되어 걸어 본 적이 없는 자라 바울이 말하는 것을 듣거늘 바울이 주목하여 구원받을 만한 믿음이 그에게 있는 것을 보고 큰 소리로 이르되 네 발로 바로 일어서라 하니 그 사람이 일어나 걷는지라

　우리에게는 날마다 구원받는 역사가 나타나야 합니다. 영혼이 구원받고, 저주스러운 환경에서도 구원받고, 질병에서도 구원받아야 합니다. 사도 바울은 나면서부터 걷지 못하는 사람에게서 병 고침 받을 만한 믿음을 보고 "네 발로 바로 일어서라!"고 외쳤습니다. 그가 바울의 말을 믿고 행동으로 옮기자 일어설 수 있었습니다.

　오늘도 주님은 "네 믿음으로 일어나라! 네 믿음으로 귀신을 쫓아내라! 네 믿음으로 문제를 해결하라!"고 말씀하십니다. 예수님을 믿는 우리 안에는 이미 이런 믿음이 있습니다. 믿음 없이 구원받은 사람은 한 명도 없기 때문입니다. 또한 믿지 않으면 기적이 일어나지 않습니다. 믿기 때문에 병이 낫는 것입니다. 믿음이 있는 사람은 그 믿음을 통해 기적을 체험하고 질병을 치료받습니다.

🫶 나눔의 시간

　플라시보 효과placebo effect란 약효가 없는 가짜 약을 진짜 약으로 속여 환자에게 복용시켜도 환자의 병세가 호전되는 현상을 말합니다. 긍정적인 마음이 병을 호전시키는 것입니다. 이런 플라시보 효과를 경험한 적이 있다면 나눠 봅시다.

🫶 결단의 시간

　하나님의 기적을 경험할 만한 믿음이 있습니까? 믿음을 갖기 위해 무엇이 필요합니까? 하나님이 주시는 말씀과 은혜를 그대로 믿기로 결단합시다.

🫶 함께하는 기도

　하나님 아버지, 은혜 받을 만한 믿음을 갖기 원합니다. 하나님의 능력으로 우리 삶 가운데서 하나님의 역사가 일어났음을 선포합니다. 삶과 가정 가운데 하나님의 회복의 역사가 이미 일어났음을 선언합니다. 하나님의 강력한 능력을 허락해 주옵소서. 예수님의 이름으로 기도합니다. 아멘.

🫶 암송 말씀

> 큰 소리로 이르되 네 발로 바로 일어서라 하니 그 사람이 일어나 걷는지라
> _사도행전 14:10

🫶 주기도문

7월 15일

믿음_순종

구원의 확신

신앙고백 | 사도신경
찬송 | 1장
본문 말씀 | 골로새서 2장 6-7절

> 그러므로 너희가 그리스도 예수를 주로 받았으니 그 안에서 행하되 그 안에 뿌리를 박으며 세움을 받아 교훈을 받은 대로 믿음에 굳게 서서 감사함을 넘치게 하라

우리가 "예수님이 나를 위하여 십자가에서 돌아가셨습니다. 내 모든 죄가 십자가에서 사함을 받았습니다. 예수님이 나의 구세주가 되셨습니다"라는 믿음의 고백을 했다면 받은 구원을 절대로 의심하면 안 됩니다.

주님이 우리에게 베푸신 구원은 우리의 마음이 답답하고 괴로우며 시험에 든다고 해서 사라지는 것이 아닙니다. 구원은 감정이나 행위에 의해 좌우되는 것이 아니라 하나님의 약속의 말씀에 근거해서 주어진 것입니다. 예수님을 믿고 구세주로 고백했다면 구원은 그 누구도 빼앗아 갈 수 없음을 믿어야 합니다. 그리고 변함없는 하나님의 말씀과 복음의 진리를 붙잡고 담대히 나아가야 합니다. 이것이 바로 '구원의 확신' 입니다.

때때로 마음속에 염려, 근심, 걱정이 다가오고 생활 가운데 어려움이 있을 수는 있지만 그것은 우리의 구원과는 아무런 상관이 없습니다. 그러므로 우리는 복음의 진리에서 흔들리지 않도록 믿음 위에 굳게 서야 합니다.

👊 나눔의 시간

 꼭 될 줄 알았는데 생각한 대로 되지 않았던 일이 있습니까? 어떤 일이었고, 그때 마음은 어땠는지 나눠 봅시다.

👊 결단의 시간

 주님을 구주로 믿고 고백하면 하나님의 자녀가 됩니다. 그렇기 때문에 구원의 확신은 우리의 상황이나 감정, 환경과 전혀 상관이 없습니다. 그럼에도 '내가 정말 구원받았나' 라는 의심이 들 때가 있습니까? 이런 의심과 불안을 예수 그리스도의 보혈 앞에 다 내려놓읍시다.

👊 함께하는 기도

 하나님 아버지, 구원의 확신은 절대로 흔들릴 수 없는 것임에도 의심하고 넘어지는 우리의 모습을 회개합니다. 이 시간 우리가 주님의 사랑을 받는 자녀라는 사실이 절대로 변하지 않는다는 것을 기억하도록 인도해 주옵소서. 흔들리지 않는 구원의 확신을 가질 수 있도록 역사해 주옵소서. 예수님의 이름으로 기도합니다. 아멘.

👊 암송 말씀

> 그러므로 너희가 그리스도 예수를 주로 받았으니 그 안에서 행하되 그 안에 뿌리를 박으며 세움을 받아 교훈을 받은 대로 믿음에 굳게 서서 감사함을 넘치게 하라
> _골로새서 2:6-7

👊 주기도문

7월 16일

믿음_순종

실천하는 믿음

신앙고백 | 사도신경
찬송 | 510, 546장
본문 말씀 | 야고보서 2장 20-22절

> 아아 허탄한 사람아 행함이 없는 믿음이 헛것인 줄을 알고자 하느냐 우리 조상 아브라함이 그 아들 이삭을 제단에 바칠 때에 행함으로 의롭다 하심을 받은 것이 아니냐 네가 보거니와 믿음이 그의 행함과 함께 일하고 행함으로 믿음이 온전하게 되었느니라

현대 그리스도인의 문제는 말은 많으나 행함이 없다는 것입니다. 우리는 믿음을 행함으로 나타내어 모든 사람에게 예수님의 향기를 퍼뜨려야 합니다.

나병 환자였던 아람 장군 나아만은 병을 고치기 위해서 하나님의 사람 엘리사를 찾아갑니다. 엘리사는 "요단강에 몸을 일곱 번 씻으라 네 살이 회복되어 깨끗하리라"라고 말합니다. 나아만이 엘리사의 말대로 요단강에 몸을 일곱 번 씻었을 때 그의 살이 회복돼 깨끗해지는 역사가 일어났습니다. 나아만이 요단강에 몸을 씻지 않았다면 그런 기적은 일어날 수 없었을 것입니다. 나아만은 엘리사의 말을 듣고 실천함으로 하나님의 기적을 경험하게 된 것입니다.

믿음은 행동하는 것입니다. 하나님을 믿는다면 하나님의 뜻과 계획에 순종하는 삶을 살아야 합니다. 즉 하나님의 말씀을 삶 속에서 실천해야 합니다.

나눔의 시간

급하지는 않지만 중요한 일, 중요하지는 않지만 급한 일이 있습니다. 무엇을 먼저 해결해야 한다고 생각합니까? 꿈을 찾는 것과 대학에 진학하는 것 중에서 무엇이 더 중요하다고 생각하는지 나눠 봅시다.

결단의 시간

주일성수 강조, 술·담배 금지, 새벽기도와 같은 한국 기독교의 전통에 대해 어떤 생각을 가지고 있습니까? 하나님의 뜻대로 살기 위해 가족 안에서 새로운 전통을 제안하여 실천해 봅시다.

함께하는 기도

하나님 아버지, 실천하는 믿음을 갖기 원합니다. 믿기 때문에 행동하고, 행동함으로 하나님의 복과 은혜를 받기 원합니다. 요단강에 몸을 씻었던 나아만처럼 믿고 순종하여 구원받는 삶과 가정이 되도록 역사해 주옵소서. 우리 가정이 믿음의 전통을 세워 나가는 가정이 되도록 인도해 주옵소서. 예수님의 이름으로 기도합니다. 아멘.

암송 말씀

네가 보거니와 믿음이 그의 행함과 함께 일하고 행함으로 믿음이 온전하게 되었느니라
_야고보서 2:22

주기도문

7월 17일

믿음_ 순종

'아멘'의 축복

신앙고백 | 사도신경
찬송 | 321, 325장
본문 말씀 | 예레미야 42장 5-6절

> 그들이 예레미야에게 이르되 우리가 당신의 하나님 여호와야훼께서 당신을 보내사 우리에게 이르시는 모든 말씀대로 행하리이다 여호와야훼께서는 우리 가운데에 진실하고 성실한 증인이 되시옵소서 우리가 당신을 우리 하나님 여호와야훼께 보냄은 그의 목소리가 우리에게 좋든지 좋지 않든지를 막론하고 순종하려 함이라 우리가 우리 하나님 여호와야훼의 목소리를 순종하면 우리에게 복이 있으리이다 하니라

　신앙생활의 축복은 순종에서 출발합니다. 하나님은 순종을 잘하는 사람에게 복을 주시고 은혜에 은혜를 더해 주십니다.

　록펠러John D. Rockefeller가 세계 최대의 갑부가 된 이유도 어머니의 말씀에 철저히 순종했기 때문입니다. 그는 "주일 예배에 빠지지 마라"는 말씀에도 "아멘", "예배 드릴 땐 꼭 앞자리에 가서 앉아라"는 말씀에도 "아멘", "지방에 출장 갈 일이 있어도 주일은 반드시 본 교회에 와서 예배를 드려라"는 말씀에도 "아멘", "목사님을 하나님 다음으로 알고 목사님 말씀에 꼭 순종해라"는 말씀에도 "아멘" 했습니다. 하나님은 순종하는 그를 축복하심으로 최고의 갑부가 되게 하셨습니다.

　하나님의 은혜와 복을 받는 사람이 되려면 순종하는 삶을 살아야 합니다. 우리는 일생 주님 앞에서 절대적으로 순종해야 합니다. 즉 주님 말씀에 순종하고, 말씀을 가르치는 주의 종에게 순종하고, 부모에게 순종해야 합니다.

나눔의 시간

록펠러처럼 순종해서 복을 받은 경험이 있습니까? 어떤 일에 순종했고, 그 결과는 어떠했는지 나눠 봅시다.

결단의 시간

순종은 좋든지 나쁘든지 무조건 따르는 것입니다. 우리의 생각, 환경, 상황이 아니라 주님의 말씀대로 순종하기로 결단합시다.

함께하는 기도

하나님 아버지, 그동안 많은 핑계들로 순종하지 못했던 모습을 회개합니다. 삶의 기준이 우리 자신에서 하나님의 말씀으로 옮겨 가도록 인도해 주옵소서. 하나님의 말씀대로 순종할 수 있도록 인도해 주옵소서. 록펠러처럼 하나님이 주실 복을 받아 누리는 믿음의 사람이 되도록 역사해 주옵소서. 예수님의 이름으로 기도합니다. 아멘.

암송 말씀

> 우리가 당신을 우리 하나님 여호와(야훼)께 보냄은 그의 목소리가 우리에게 좋든지 좋지 않든지를 막론하고 순종하려 함이라 우리가 우리 하나님 여호와(야훼)의 목소리를 순종하면 우리에게 복이 있으리이다 하니라 _예레미야 42:6

주기도문

7월 18일

믿음_순종

네 손을 내밀라

신앙고백 | 사도신경
찬송 | 474, 478장
본문 말씀 | 마가복음 3장 1-5절

예수께서 다시 회당에 들어가시니 한쪽 손 마른 사람이 거기 있는지라 사람들이 예수를 고발하려 하여 안식일에 그 사람을 고치시는가 주시하고 있거늘 예수께서 손 마른 사람에게 이르시되 한 가운데에 일어서라 하시고 그들에게 이르시되 안식일에 선을 행하는 것과 악을 행하는 것, 생명을 구하는 것과 죽이는 것, 어느 것이 옳으냐 하시니 그들이 잠잠하거늘 그들의 마음이 완악함을 탄식하사 노하심으로 그들을 둘러 보시고 그 사람에게 이르시되 네 손을 내밀라 하시니 내밀매 그 손이 회복되었더라

하나님의 말씀에는 신유의 능력이 있습니다. 병이 낫는 은혜를 경험하려면 하나님의 말씀에 순종해야 합니다. 순종하는 자에게는 하나님의 은혜가 임하기 때문입니다.

주님이 손 마른 사람에게 하신 첫 번째 말씀은 "일어서라"입니다. 절망과 무기력에 빠져 부정적인 생각에 갇혀 있던 손 마른 자에게 주님은 "일어서라"고 말씀하셨습니다. 오늘 우리에게도 주님이 말씀하십니다. "절망과 슬픔의 자리에서 일어나라. 영적 무기력의 자리에서 일어나라. 염려, 근심, 부정적 사고에서 일어나라!" 우리는 이러한 주님의 말씀을 듣고 절망의 자리에서 일어나 은혜 앞으로 나아가야 합니다.

주님이 하신 두 번째 말씀은 "네 손을 내밀라"입니다. 아무에게도 보이고 싶지 않았던 손을 주님은 '내밀라'고 말씀하셨습니다. 하나님에 대한 불신과 불만이 팽배한 그에게 '손을 내밀 수 있는 믿음'을 요구하셨습니다. 즉 순종을 요구하신 것입니다.

　손 마른 사람이 주님의 말씀에 순종하여 손을 내밀었을 때 손이 회복되는 역사가 일어났습니다. 이러한 주님의 권능을 경험하기 원한다면 우리도 하나님의 명령에 절대적으로 순종해야 합니다.

나눔의 시간

　자녀의 입장에서 부모의 말이 잔소리처럼 여겨질 때가 있습니까? 부모의 입장에서 자녀가 원하는 것과 자신이 원하는 것의 차이에서 오는 갈등이 있습니까? 서로의 마음에 대해서 나눠 봅시다.

결단의 시간

　순종이 은혜의 열쇠입니다. 순종하지 못하고, 이해하지 못했던 부분에 대해 서로 용서를 구합시다. 부모와 남편을 존경하고, 아내와 자녀를 사랑하기로 결단합시다.

함께하는 기도

　하나님 아버지, 하나님께 순종함으로 은혜의 사람이 되기를 소망합니다. 우리 가정이 순종하는 가정이 되기를 원합니다. 부모에게 순종하고 남편을 존경하며 아내와 자녀를 사랑하는 가정이 되도록 인도해 주옵소서. 예수님의 이름으로 기도합니다. 아멘.

암송 말씀

> 그들의 마음이 완악함을 탄식하사 노하심으로 그들을 둘러 보시고 그 사람에게 이르시되 네 손을 내밀라 하시니 내밀매 그 손이 회복되었더라 _마가복음 1:5

주기도문

7월 19일

믿음_ 순종

순종의 훈련

신앙고백 | 사도신경
찬송 | 327, 330장
본문 말씀 | 이사야 43장 7-10절

> 내 이름으로 불려지는 모든 자 곧 내가 내 영광을 위하여 창조한 자를 오게 하라 그를 내가 지었고 그를 내가 만들었느니라 눈이 있어도 보지 못하고 귀가 있어도 듣지 못하는 백성을 이끌어 내라 열방은 모였으며 민족들이 회집하였는데 그들 중에 누가 이 일을 알려 주며 이전 일들을 우리에게 들려 주겠느냐 그들이 그들의 증인을 세워서 자기들의 옳음을 나타내고 듣는 자들이 옳다고 말하게 하여 보라 나 여호와(야훼)가 말하노라 너희는 나의 증인, 나의 종으로 택함을 입었나니 이는 너희가 나를 알고 믿으며 내가 그인 줄 깨닫게 하려 함이라 나의 전에 지음을 받은 신이 없었느니라 나의 후에도 없으리라

　우리 인생의 목적은 하나님께 영광입니다. 성경은 이사야서 43장 7절 말씀을 통해 창조의 목적이 하나님께 영광을 돌리는 것이라고 말씀합니다.
　본문에 사용된 '창조한 자'라는 말은 '양육 받은 아이'라는 뜻을 갖고 있습니다. 또는 스승 밑에서 배움을 익히는 '문하생'을 의미하기도 합니다. 피조물은 하나님께 영광을 돌리기 위해 양육 받고 훈련되도록 창조되었습니다. 이때 가장 필요한 것이 바로 순종입니다.
　먼저는 하나님의 말씀에 순종해야 합니다. 부모의 부름에 자녀가 "네"하고 대답하는 것처럼 우리는 하나님 앞에서 순종하는 자녀가 돼야 합니다. 또한 문하생이 스승의 가르침을 받아 훌륭한 작품을 만들어 내는 것처럼 우리도 주님의 뜻에 순복해서 작은 예수가 돼야 합니다. 양육 받는 아이, 문하생처럼 순종함으로 하나님을 기쁘시게 하고 복을 받는 삶이 돼야 합니다.

나눔의 시간

최근에 양육이나 훈련을 받은 적이 있습니까? 각자가 받았던 양육이나 훈련에 대해서 나눠 봅시다.

결단의 시간

하나님을 섬기는 데도 훈련이 필요합니다. 오늘 우리 삶과 가정 가운데 훈련돼야 할 부분은 무엇입니까? 하나님의 말씀대로 순종하는 가정이 되기로 결단합시다.

함께하는 기도

하나님 아버지, 하나님만 섬기는 믿음의 가정이 되기를 소망합니다. 이를 위해 준비되고 훈련될 수 있도록 인도해 주옵소서. 순종할 수 있는 믿음을 허락해 주옵소서. 예수님의 이름으로 기도합니다. 아멘.

암송 말씀

내 이름으로 불려지는 모든 자 곧 내가 내 영광을 위하여 창조한 자를 오게 하라 그를 내가 지었고 그를 내가 만들었느니라 _이사야 43:7

주기도문

7월 20일

믿음_ 순종

누구를 따를 것인가?

신앙고백 | 사도신경
찬송 | 323, 336장
본문 말씀 | 갈라디아서 1장 10-12절

> 이제 내가 사람들에게 좋게 하랴 하나님께 좋게 하랴 사람들에게 기쁨을 구하랴 내가 지금까지 사람들의 기쁨을 구하였다면 그리스도의 종이 아니니라 형제들아 내가 너희에게 알게 하노니 내가 전한 복음은 사람의 뜻을 따라 된 것이 아니니라 이는 내가 사람에게서 받은 것도 아니요 배운 것도 아니요 오직 예수 그리스도의 계시로 말미암은 것이라

승리하는 신앙생활의 비결은 누구의 '음성'을 듣고 순종하느냐에 달려 있습니다. 성도는 늘 주님의 음성을 들으며 그 음성에 순종해야 합니다.

세상 사람들은 권세를 가진 사람의 말을 듣고 그에게 잘 보이려고 합니다. 물론 다 잘못된 것은 아닙니다. 학생이 선생님에게 잘 보이려 하고, 자녀가 부모에게 잘 보이려 하는 것은 당연한 일입니다. 그러나 진심에서 우러나오는 사랑과 존경이 아닌 권세에 기대 덕을 보려는 태도는 잘못된 것입니다. '권불십년權不十年 화무십일홍花無十日紅'이라는 말처럼 십 년 가는 권세가 없고 열흘 이상 붉게 피는 꽃은 없습니다.

그러므로 사람 앞에 줄 서지 마시고 영원하신 하나님 앞에 줄 서기 바랍니다. 하나님이 기뻐하시는 자녀답게 가장 먼저 주님의 음성에 순종하시기 바랍니다. 그리스도인은 하나님을 기쁘시게 하고 하나님의 이름을 높이는 일에 최우선 순위를 두어야 합니다.

🫶 나눔의 시간

누구에게 잘 보이려고 애를 쓴 적이 있습니까? 그 경험과 이유를 나눠 봅시다.

🫶 결단의 시간

주님을 기쁘시게 하려면 어떤 순종이 필요합니까? 삶에서 주님이 원하시는 것을 찾아 그렇게 하기로 결단합시다.

🫶 함께하는 기도

하나님 아버지, 세상의 유혹과 시험에 흔들리고 넘어지는 우리의 마음을 붙잡아 주옵소서. 우리의 시선이 주님께 고정되어 주님께 영광 돌리는 삶이 되도록 인도하시고, 우리 삶의 주인 되어 주옵소서. 예수님의 이름으로 기도합니다. 아멘.

🫶 암송 말씀

> 이제 내가 사람들에게 좋게 하랴 하나님께 좋게 하랴 사람들에게 기쁨을 구하랴 내가 지금까지 사람들의 기쁨을 구하였다면 그리스도의 종이 아니니라 _갈라디아서 1:10

🫶 주기도문

7월 21일

믿음_ 순종

무슨 말씀을 하시든지

신앙고백 | 사도신경
찬송 | 96, 180장
본문 말씀 | 요한복음 2장 1-5절

> 사흘째 되던 날 갈릴리 가나에 혼례가 있어 예수의 어머니도 거기 계시고 예수와 그 제자들도 혼례에 청함을 받았더니 포도주가 떨어진지라 예수의 어머니가 예수에게 이르되 저들에게 포도주가 없다 하니 예수께서 이르시되 여자여 나와 무슨 상관이 있나이까 내 때가 아직 이르지 아니하였나이다 그의 어머니가 하인들에게 이르되 너희에게 무슨 말씀을 하시든지 그대로 하라 하니라

포도주가 떨어져 어려움에 처해 있을 때 예수님의 어머니 마리아는 즉각적으로 예수님께 도움을 청했습니다. 그리고 하인들에게 예수님의 말씀에 무조건 순종하라고 명령했습니다. 마리아가 보낸 하인들에게 주님은 "정결예식을 위해 준비된 돌 항아리에 물을 채워 연회장에 갖다 주라"고 말씀하셨습니다. 손발을 씻는 통에 물을 담아 대접하라는 것입니다. 말도 안 되는 명령입니다. 그대로 하면 하인들의 목숨이 위태로울 수도 있습니다.

그러나 하인들이 주님의 말씀대로 물을 채워 가져가자 하나님의 능력으로 물이 변하여 포도주가 됐습니다. 포도주가 떨어져서 어려움에 처했던 혼인잔치의 상황이 완전히 뒤바뀌었습니다. 좋은 포도주로 인해 손님들의 칭찬이 가득한 잔치로 변화되었습니다.

하나님의 응답을 받기 위해서는 믿음의 순종이 필요합니다. 주님이 무슨 말씀을 하시든지 그대로 해야 합니다. 순종은 하나님의 능력을 힘입는 비결입니다. 순종함으로 하나님의 기적을 체험하는 가정이 되기를 소망합니다.

나눔의 시간

부모에게 순종하지 않았던 경험이 있습니까? 그 결과에 대해서 나누고, 부모의 말을 들어야만 하는 이유에 대해서 나눠 봅시다.

결단의 시간

구원과 믿음의 순종은 불가분의 관계입니다. 오늘 회복을 위해 믿음으로 순종해야 하는 것은 없습니까? 이 시간 하나님 말씀에 복종할 것을 결단합시다.

함께하는 기도

하나님 아버지, 삶의 무너진 부분과 공동체가 회복되고 구원받기를 소망합니다. 하나님의 말씀에 믿음으로 순종함으로 하나님의 능력을 힘입게 되기를 원합니다. 순종할 수 있는 믿음과 용기를 주옵소서. 예수님의 이름으로 기도합니다. 아멘.

암송 말씀

> 그의 어머니가 하인들에게 이르되 너희에게 무슨 말씀을 하시든지 그대로 하라 하니라
> _요한복음 2:5

주기도문

믿음_순종

7월 22일

광야로 가라!

신앙고백 | 사도신경
찬송 | 337, 348장
본문 말씀 | 사도행전 8장 26-29절

> 주의 사자가 빌립에게 말하여 이르되 일어나서 남쪽으로 향하여 예루살렘에서 가사로 내려가는 길까지 가라 하니 그 길은 광야라 일어나 가서 보니 에디오피아 사람 곧 에디오피아 여왕 간다게의 모든 국고를 맡은 관리인 내시가 예배하러 예루살렘에 왔다가 돌아가는데 수레를 타고 선지자 이사야의 글을 읽더라 성령이 빌립더러 이르시되 이 수레로 가까이 나아가라 하시거늘

하나님은 순종하는 사람에게 복을 내려 주십니다. 말씀에 순종하는 사람은 주님의 놀라운 계획의 주인공이 됩니다.

사마리아에서 하나님께 놀랍게 쓰임 받던 빌립에게 천사가 찾아왔습니다. 천사는 빌립에게 예루살렘에서 남쪽 가사로 향하는 광야 길로 가라고 말했습니다. 당시 예루살렘에서 남쪽으로 가는 길은 두 가지가 있었습니다. 하나는 헤브론을 지나 에돔으로 가는 길이고, 다른 하나는 가사에 가기 전 해안 길을 통해 애굽으로 가는 길이었습니다. 그런데 가사는 당시 폐허가 된 도시였기 때문에 그 길로 다니는 사람이 많지 않았습니다. 말 그대로 황량하기 그지없는 광야 길이었고, 전도할 사람을 만나기도 쉽지 않았을 것입니다. 그러나 하나님은 빌립에게 광야 길로 가라고 말씀하셨습니다.

사마리아에서 큰 부흥을 경험한 빌립에게 하나님의 명령은 터무니없어 보였을 것입니다. 하지만 빌립은 순종했습니다. 그 결과 에디오피아의 귀족에게 복음을 증거하게 되었고, 아프리카 대륙에 복음의 씨앗이 뿌려지는 놀라운 은혜가 시작되었습니다. 이해할 수 없는 말씀이라도 순종하면 하나님의 역사 한복판에 서게 됩니다. 하나님의 계획을 성취하는 사람이 됩니다.

나눔의 시간

빌립이 들었던 '광야로 가라'는 명령과 같이 이해할 수 없는 말씀으로 갈등한 적이 있습니까? 그때의 심정을 나눠 봅시다.

결단의 시간

이해할 수 없는 말씀이라도 순종해야 하는 이유는 그 속에 하나님의 섭리가 있기 때문입니다. 주님의 역사를 경험하기 위해 믿음으로 순종할 것을 결단합시다.

함께하는 기도

하나님 아버지, 주님 말씀이라면 광야라도 마다하지 않았던 빌립처럼 순종하는 삶을 살기를 원합니다. 하나님이 역사하실 때 그 현장 가운데서 하나님의 영광을 보기 원합니다. 주님의 뜻과 계획을 성취하는 사람이 되도록 순종하는 마음을 허락해 주옵소서. 예수님의 이름으로 기도합니다. 아멘.

암송 말씀

주의 사자가 빌립에게 말하여 이르되 일어나서 남쪽으로 향하여 예루살렘에서 가사로 내려가는 길까지 가라 하니 그 길은 광야라 _사도행전 8:26

주기도문

7월 23일

믿음_순종

떨어지지 않는 통의 가루와 병의 기름

신앙고백 | 사도신경
찬송 | 393, 405장
본문 말씀 | 열왕기상 17장 13-16절

엘리야가 그에게 이르되 두려워하지 말고 가서 네 말대로 하려니와 먼저 그것으로 나를 위하여 작은 떡 한 개를 만들어 내게로 가져오고 그 후에 너와 네 아들을 위하여 만들라 이스라엘의 하나님 여호와(야훼)의 말씀이 나 여호와(야훼)가 비를 지면에 내리는 날까지 그 통의 가루가 떨어지지 아니하고 그 병의 기름이 없어지지 아니하리라 하셨느니라 그가 가서 엘리야의 말대로 하였더니 그와 엘리야와 그의 식구가 여러 날 먹었으나 여호와(야훼)께서 엘리야를 통하여 하신 말씀 같이 통의 가루가 떨어지지 아니하고 병의 기름이 없어지지 아니하니라

우리가 주님의 말씀 앞에 생각과 경험을 다 내려놓고 순종하면 주님은 복을 내려 주십니다. 사르밧 과부와 그녀의 외아들은 큰 가뭄이 들자 더 이상 살 수 없을 곤경에 처했습니다. 그래서 마지막 남은 밀가루 한 주먹과 기름 조금으로 떡을 만들어 먹고 죽을 결심을 했습니다. 그때 엘리야가 하나님의 명령을 따라 사르밧 성문에 이르러 과부를 만나게 되었습니다. 엘리야는 과부에게 자신을 위해 떡을 준비해 오라고 말했습니다. 과부는 자초지종을 설명했지만 엘리야는 먼저 자신을 위해 떡을 만들어 오라고 명했습니다. 그러면 비가 다시 내리는 날까지 통의 가루가 떨어지지 않고 병의 기름이 동나지 않을 것이라고 말입니다. 과부는 엘리야의 말에 순종했습니다.

엘리야를 위해 떡을 만들 때 아이는 배고프다고 울면서 엄마에게 매달렸을 것입니다. 그리고 마지막으로 만든 떡을 엘리야에게 먼저 가져다주었을 때 놀라운 기적이 일어났습니다. 여러 날 동안 엘리야와 과부, 외아들이 떡을 만들어 먹었지만 가루와 기름이 떨어지지 않았습니다. 순종은 축복입니다. 순종할 때 하나님께 쓰임 받고 복을 받습니다.

👊 나눔의 시간

부모나 손윗사람, 속해 있는 공동체의 리더와 의견이 충돌한 적이 있습니까? 어떤 일이었고, 어떻게 대처했는지 나눠 봅시다.

👊 결단의 시간

하나님이 리더에게 주신 권위를 존중하고 인정해야 합니다. 자신의 뜻과 다르더라도 리더에게 순종해야 합니다. 손윗사람과 부모, 속해 있는 공동체의 리더에게 순종할 것을 결단합시다.

👊 함께하는 기도

하나님 아버지, 엘리야에게 순종함으로 구원받은 사르밧 과부처럼 주의 종과 부모, 세워진 리더를 존중하고 인정하며, 그 말씀에 순종하는 자가 되기를 원합니다. 주님이 그들을 축복의 통로로 세우신 것을 기억하며, 그들을 통해 베푸실 하나님의 은혜를 누리도록 인도해 주옵소서. 예수님의 이름으로 기도합니다. 아멘.

👊 암송 말씀

> 여호와아훼께서 엘리야를 통하여 하신 말씀 같이 통의 가루가 떨어지지 아니하고 병의 기름이 없어지지 아니하니라 _열왕기상 17:16

👊 주기도문

7월 24일

하나님의 질서

믿음_ 순종

신앙고백 | 사도신경
찬송 | 412, 458장
본문 말씀 | 에베소서 5장 21절

그리스도를 경외함으로 피차 복종하라

하나님은 '질서의 하나님'이시며 세상의 질서를 만들면서 특정한 권위 혹은 지도자의 역할도 확립하셨습니다. 권위는 사람이 행사하지만 하나님이 그들에게 위임하신 것이므로, 우리는 그 권위에 성실하게 순종해야 합니다. '복종하다'의 뜻을 가진 헬라어 '휘포타소' 안에 '탁시스'라는 '질서'의 뜻이 들어 있는 것도 이런 이유입니다.

우리는 하나님의 사회 질서를 겸손하게 인정해야 합니다. 바울은 아내들에게 '주께 하듯' 남편에게 복종하라고 말하며 엡 5:22, 자녀들에게는 '주 안에서' 부모에게 순종하라 엡 6:1 말합니다. 또한 종들에게는 '그리스도께 하듯' 육체의 상전에게 순종하라 엡 6:5 말합니다. 주님께 순종하고자 한다면 남편, 부모, 주인 상사에게도 순종해야 합니다. 이들을 세우신 분이 하나님이시기 때문입니다. '하나님을 경외' 한다면 주님으로 말미암아 피차 존중하고 섬기는 자세를 가져야 합니다.

👋 나눔의 시간

요즘에는 정치, 경제, 종교 지도자에 대한 불신과 불만이 점차 커지고 있습니다. 건설적인 내용보다는 부절적한 비판과 비난의 목소리만 너무 높아지는 것은 문제가 아닐 수 없습니다. 우리의 말과 행동 가운데 부절적한 것은 없는지 나눠 봅시다.

👋 결단의 시간

각 분야의 리더가 자신의 분야에서 자신감을 갖고 최선을 다할 수 있도록 우리가 도울 수 있는 일은 없을까요? 그들이 최선을 다하는 분위기를 조정해 주고 격려하기 위해 결단합시다.

👋 함께하는 기도

하나님 아버지, 하나님의 질서에 따라 순종하는 삶과 가정이 되기를 원합니다. 주님이 세우신 리더를 인정하고, 그들이 자신감을 갖고 활동하는 분위기를 만들고, 또한 격려하도록 인도해 주옵소서. 비난과 비판 대신 칭찬과 격려, 순종을 이루는 믿음의 자녀가 되도록 역사해 주옵소서. 예수님의 이름으로 기도합니다. 아멘.

👋 암송 말씀

그리스도를 경외함으로 피차 복종하라 _에베소서 5:21

👋 주기도문

7월 25일

지도자의 권위에 순종하라

신앙고백 | 사도신경
찬송 | 492, 524장
본문 말씀 | 고린도전서 16장 15-18절

> 형제들아 스데바나의 집은 곧 아가야의 첫 열매요 또 성도 섬기기로 작정한 줄을 너희가 아는지라 내가 너희를 권하노니 이같은 사람들과 또 함께 일하며 수고하는 모든 사람에게 순종하라 내가 스데바나와 브드나도와 아가이고가 온 것을 기뻐하노니 그들이 너희의 부족한 것을 채웠음이라 그들이 나와 너희 마음을 시원하게 하였으니 그러므로 너희는 이런 사람들을 알아 주라

우리는 앞에서 일하는 사람들을 잘 따라가야 합니다. 지도자가 중요하기 때문입니다. 2009년 1월 16일 뉴욕 허드슨 강에 유에스 에어웨이즈US Airways의 여객기 한 대가 불시착하는 일이 있었습니다. 비행기가 뉴욕의 라과디아 공항에서 이륙한 지 4분 만에 32,000피트 약 1000m 상공에서 엔진 두 개가 동시에 정지한 것입니다. 일반적으로 이런 상황이면 손쓸 새도 없이 비행기가 추락하고 맙니다. 그러나 비행기의 기장 설렌버거 C. B. Bullenberger 는 승객들에게 안전벨트를 매고 고개를 숙여달라고 방송한 후 빌딩을 피해 허드슨 강에 안전하게 착륙시켰습니다. 모든 승객이 소란을 피우는 대신 기장의 말을 잘 따랐기 때문에 한 사람도 다치지 않고 안전하게 집으로 돌아갈 수 있었습니다.

요즘 우리 사회는 지도자를 경시하는 풍조가 만연해 있습니다. 교회에서도 마찬가지입니다. 어떤 권위도 인정하지 않는 사람이 많습니다. 그러나 우리는 하나님이 세우신 지도자의 권위에 순종할 줄 알아야 합니다. 또한 교회의 리더를 위해 하나님 앞에서 간절히 기도해야 합니다.

나눔의 시간

부모에게 순종하기를 '참 잘했다' 고 생각되는 일이 있습니까? 그때 순종했더라면 참 좋았을 텐데 후회되는 일은 없는지 나눠 봅시다.

결단의 시간

리더의 권위를 인정해야 공동체가 삽니다. 부모의 권위를 인정하고 순종해야 가정이 평안합니다. 교회 리더의 권위를 인정하고 순종해야 교회가 부흥합니다. 직장, 학교도 마찬가지입니다. 오늘 우리가 인정하고 순종해야 할 리더는 누구이며, 어떻게 순종할 수 있을지 생각해 봅시다.

함께하는 기도

하나님 아버지, 앞에서 일하는 사람들을 밀어주고 그들에게 순종할 수 있는 겸손을 허락해 주옵소서. 그것이 가정, 교회, 학교, 직장을 살리는 길임을 기억하고 지혜롭게 행동하도록 인도해 주옵소서. 순종과 평안, 행복이 넘치는 공동체가 되도록 우리에게 역사해 주옵소서. 예수님의 이름으로 기도합니다. 아멘.

암송 말씀

이같은 사람들과 또 함께 일하며 수고하는 모든 사람에게 순종하라 _고린도전서 16:16

주기도문

7월 26일

믿음_순종

돌을 옮겨 놓으라

신앙고백 | 사도신경
찬송 | 338, 342장
본문 말씀 | 요한복음 11장 38-41절

> 이에 예수께서 다시 속으로 비통히 여기시며 무덤에 가시니 무덤이 굴이라 돌로 막았거늘 예수께서 이르시되 돌을 옮겨 놓으라 하시니 그 죽은 자의 누이 마르다가 이르되 주여 죽은 지가 나흘이 되었으매 벌써 냄새가 나나이다 예수께서 이르시되 내 말이 네가 믿으면 하나님의 영광을 보리라 하지 아니하였느냐 하시니 돌을 옮겨 놓으니 예수께서 눈을 들어 우러러 보시고 이르시되 아버지여 내 말을 들으신 것을 감사하나이다

본문에서 주님은 죽음의 절망에 처한 마르다와 마리아에게 명령하십니다. 예수님을 사랑했지만 죽은 자를 살리는 일에는 회의적이어서 나사로는 이미 죽었다고 생각하는 사람들에게 "불가능하다고 생각하는 마음의 돌을 옮겨 놓으라"고 말씀하십니다. 돌을 옮겨 문을 열라는 주님의 말씀에 마르다는 "주여 죽은 지가 나흘이나 되어 냄새가 난다"고 답변합니다. 이와 같은 불신에 주님은 다시 말씀하십니다. "예수께서 이르시되 내 말이 네가 믿으면 하나님의 영광을 보리라 하지 아니하였느냐 하시니"요 11:40 돌을 옮겨야만 전능하신 하나님의 능력을 경험할 수 있기 때문입니다. 실제로 주님의 말씀을 듣고 마르다가 순종했을 때 놀라운 일이 벌어집니다. 죽은 나사로가 다시 살아난 것입니다.

우리도 마찬가지입니다. 불신의 돌을 옮기고 문을 열어야 하나님의 은혜를 경험할 수 있습니다. 예수님을 믿는다고 하면서 문제에 부딪힐 때 근심하고 탄식하는 것은 아무런 해결책이 될 수 없습니다. 오직 예수님의 말씀에 순종하는 자가 문제를 해결하는 하나님의 권능을 경험하는 것입니다.

🖐 나눔의 시간

마르다처럼 예수님을 믿는다고 하지만 그 말씀에 순종하지 못하는 부분이 있습니까? 재정, 건강, 학업, 취업, 만남 등 어떤 것들이 있는지 나눠 봅시다.

🖐 결단의 시간

믿음은 순종하는 것입니다. 순종해야만 주님의 은혜와 권능을 경험할 수 있습니다. 삶과 가정 가운데 모든 불신의 돌을 옮겨 놓고 주님 말씀에 순종하기로 결단합시다.

🖐 함께하는 기도

하나님 아버지, 전능하신 하나님의 영광을 보기 원합니다. 불신의 돌을 옮겨, 믿음의 사람, 가정이 되기를 소망합니다. 순종할 수 있는 믿음을 주옵소서. 예수님의 이름으로 기도합니다. 아멘.

🖐 암송 말씀

> 예수께서 이르시되 내 말이 네가 믿으면 하나님의 영광을 보리라 하지 아니하였느냐 하시니 _요한복음 11:40

🖐 주기도문

믿음_순종

7월 27일

불순종에서 벗어나라

신앙고백 | 사도신경
찬송 | 208, 218장
본문 말씀 | 사도행전 3장 22-23절

> 모세가 말하되 주 하나님이 너희를 위하여 너희 형제 가운데서 나 같은 선지자 하나를 세울 것이니 너희가 무엇이든지 그의 모든 말을 들을 것이라 누구든지 그 선지자의 말을 듣지 아니하는 자는 백성 중에서 멸망 받으리라 하였고

하나님이 제일 싫어하시는 것이 바로 '불순종'입니다. 출애굽한 이스라엘 백성은 하나님의 말씀을 순종하지 않아 한 달이면 갈 수 있는 가나안 땅을 40년 동안 가지 못했고, 대부분은 광야에서 죽고 말았습니다.

사울이 하나님으로부터 버림받은 이유 역시 아말렉과의 전투에서 그들의 소유를 다 진멸하라는 하나님의 말씀에 불순종하고 좋은 것을 남겨 두었기 때문입니다. 하나님은 순종하지도 않으면서 제사를 드리겠다고 재물을 챙겨 오는 것은 기뻐하지 않으셨습니다.

먼저 주님의 말씀에 순종해야 합니다. 순종이 우선순위인 것입니다. 주님의 말씀에 순종하고 그 뜻대로 살아갈 때 하나님의 은혜와 축복이 임합니다. 이에 베드로는 청중에게 예수님의 말씀을 듣고 순종하라고 촉구합니다. 순종하면 구원을 받되, 계속 불순종하면 출애굽한 이스라엘 백성처럼 멸망을 받는다고 선포한 것입니다.

💟 나눔의 시간

알면서도 잘 지켜지지 않는 말씀이 있습니까? 왜 그런 일이 일어나는지 생각해 보고, 바뀌어야 하는 부분을 나눠 봅시다.

💟 결단의 시간

지금 순종해야 하는 하나님의 말씀은 무엇입니까? 이유와 핑계를 대지 않고 하나님의 말씀에 전적으로 순종할 것을 결단합시다.

💟 함께하는 기도

하나님 아버지, 우리의 불순종의 죄를 예수 그리스도의 보혈로 씻어 주시고 덮어 주옵소서. 하나님의 말씀이라면 무조건 순종할 것을 결단합니다. 순종하는 믿음을 갖도록 인도해 주옵소서. 예수님의 이름으로 기도합니다. 아멘.

💟 암송 말씀

> 누구든지 그 선지자의 말을 듣지 아니하는 자는 백성 중에서 멸망 받으리라 하였고
> _사도행전 3:23

💟 주기도문

7월 28일

믿음_ 순종

순종의 종

신앙고백 | 사도신경
찬송 | 269, 292장
본문 말씀 | 로마서 6장 16절

> 너희 자신을 종으로 내주어 누구에게 순종하든지 그 순종함을 받는 자의 종이 되는 줄을 너희가 알지 못하느냐 혹은 죄의 종으로 사망에 이르고 혹은 순종의 종으로 의에 이르느니라

　우리가 진정한 제자라면 주님의 음성을 들었을 때 즉시 순종해야 합니다. 이런저런 핑계를 대면서 머뭇거리거나 뒤로 물러서면 안 됩니다. 하나님이 가장 기뻐하시는 것이 순종입니다. 많은 물질이나 화려한 예배보다 하나님이 더 바라시고 기뻐하시는 것이 순종임을 잊어서는 안 됩니다. 하나님은 순종하는 사람을 일꾼으로 삼으시고 복을 내려 주십니다.
　하나님이 100세에 얻은 독자 이삭을 제물로 바치라고 말씀하셨을 때, 아브라함은 바로 다음 날 아침 일찍 일어나 이삭을 데리고 길을 떠났습니다. 하나님이 이삭을 제물로 바치라고 지시하신 모리아 땅의 산에 도착해서도 머뭇거리지 않고 칼을 들었습니다. 그때 하나님은 이삭을 대신해서 제물로 쓸 양을 예비하셨고, 아브라함의 적극적인 순종은 하나님께 인정을 받았습니다.
　하나님은 지금도 전적으로 헌신하고 순종할 일꾼을 찾고 계십니다. 하나님의 뜻을 이루기 원한다면 날마다 성령충만함으로 하나님의 뜻을 깨닫고 우리를 복종시켜야 합니다.

나눔의 시간

　사랑은 타이밍이라는 말이 있습니다. 상대방이 마음의 준비가 되었을 때 고백해야 성공할 수 있습니다. 타이밍이 늦거나 빠르면 안 됩니다. 우리의 일상에도 타이밍을 놓쳐 일이 틀어지는 경우가 있습니다. 그런 경험이 있다면 나눠 봅시다.

결단의 시간

　순종하려면 즉시 해야 합니다. 머뭇거리면 때를 놓칩니다. 헌금도 작정했을 때 해야 하고, 봉사도 작정했을 때 헌신해야 합니다. 우리 삶 가운데 즉시 순종해야 하는 일은 무엇인지 생각해 보고, 지금 실행합시다.

함께하는 기도

　하나님 아버지, 순종하는 자가 되어 쓰임 받는 일꾼이 되기 원합니다. 아브라함처럼 힘든 일일수록 더욱 적극적으로 최선을 다해 순종하기 원합니다. 지금 즉시 순종할 수 있는 믿음과 용기를 주옵소서. 그래서 하나님께 인정받는 사람, 가정이 되도록 역사해 주옵소서. 예수님의 이름으로 기도합니다. 아멘.

암송 말씀

너희 자신을 종으로 내주어 누구에게 순종하든지 그 순종함을 받는 자의 종이 되는 줄을 너희가 알지 못하느냐 혹은 죄의 종으로 사망에 이르고 혹은 순종의 종으로 의에 이르느니라 _로마서 6:16

주기도문

7월 29일

성화

믿음_ 순종

신앙고백 | 사도신경
찬송 | 357, 425장
본문 말씀 | 레위기 11장 44-45절

> 나는 여호와야훼 너희의 하나님이라 내가 거룩하니 너희도 몸을 구별하여 거룩하게 하고 땅에 기는 길짐승으로 말미암아 스스로 더럽히지 말라 나는 너희의 하나님이 되려고 너희를 애굽 땅에서 인도하여 낸 여호와야훼라 내가 거룩하니 너희도 거룩할지어다

　우리가 예수님을 닮아 감으로, 우리가 만난 예수님을 증거함으로 우리는 거룩하게 됩니다. 이를 신학적인 용어로 '성화' sanctification라고 합니다. 우리 모두는 각자 작은 예수가 돼야 합니다. 그래서 이제 어디를 가든지 예수님을 전하고 예수님을 닮아 가며, 예수님이 이루어 놓으신 놀라운 일을 누리고 나누어야 합니다.

　우리 한 사람 한 사람이 작은 예수로 변화되면 세상이 아름다워집니다. 내가 변화됨으로써 우리 가정과 직장, 사회가 변화되고, 대한민국의 미래가 밝아집니다. 그러나 우리가 제대로 변화되지 않고 옛 사람의 모습을 그대로 가지고 있으면 결국 그 모습이 문제를 일으킵니다. 그러므로 그리스도인의 성화는 꼭 이루어야 할 과제입니다.

　성화되기 위해 우리는 거룩해져야 합니다. 죄의 문제를 해결하고 성령충만함을 받아야 합니다. 이를 위해서 하나님의 말씀을 가까이하고 기도해야 합니다. 하나님의 말씀을 따라 순종하고 쉬지 않고 기도하는 것이 성령충만의 길이고, 그때 우리가 성화됩니다.

나눔의 시간

주위 사람을 좋은 방향으로 변화시키는 사람이 있습니까? 그 사람이 어떻게 좋은 영향력을 끼치는지 생각해 봅시다.

결단의 시간

성령충만을 받고 성화되는 길은 말씀 묵상과 기도입니다. 우리는 말씀을 따라 순종해야 합니다. 쉬지 말고 기도해야 합니다. 이를 위해 어떻게 해야 하는지 생각해 보고 결단합시다.

함께하는 기도

하나님 아버지, '내가 거룩하니 너희도 거룩하라'는 주님의 말씀에 순종하기 원합니다. 성령충만으로 성화될 수 있도록 인도해 주옵소서. 우리의 삶이 하나님의 말씀과 기도로 가득할 수 있도록 역사해 주옵소서. 그래서 우리가 작은 예수가 되어 주님이 주신 사명을 감당할 수 있도록 은혜 내려 주옵소서. 예수님의 이름으로 기도합니다. 아멘.

암송 말씀

> 나는 너희의 하나님이 되려고 너희를 애굽 땅에서 인도하여 낸 여호와야훼라 내가 거룩하니 너희도 거룩할지어다 _레위기 11:45

주기도문

7월 30일

믿음_순종

감사하라

신앙고백 | 사도신경
찬송 | 28, 64장
본문 말씀 | 시편 136편 23-26절

> 우리를 비천한 가운데에서도 기억해 주신 이에게 감사하라 그 인자하심이 영원함이로다 우리를 우리의 대적에게서 건지신 이에게 감사하라 그 인자하심이 영원함이로다 모든 육체에게 먹을 것을 주신 이에게 감사하라 그 인자하심이 영원함이로다 하늘의 하나님께 감사하라 그 인자하심이 영원함이로다

하나님을 모르는 사람은 정성이나 대가를 바쳐야만 신의 노여움에서 벗어나 복을 얻는다고 생각합니다. 그러나 하나님은 '은혜'를 거저 주시는 좋으신 분입니다.

우리의 헌금은 하나님에게 부족함이 있어서 드리는 것이 아닙니다. 헌금은 하나님이 주신 것에 대한 믿음의 표현입니다. 사실 우리가 가진 모든 것은 다 하나님께로부터 온 것입니다. 우리의 생명도 재능도 물질도 다 하나님이 주신 것입니다. 우리가 이에 대한 믿음의 표시로 수입 중 십분의 일을 드리는 것이 십일조입니다.

그러므로 십일조는 "내가 가진 모든 것, 내가 누리는 모든 것은 주님이 주신 것입니다"라는 신앙고백이며, 감사의 표현입니다. 우리가 주님 앞에서 믿음을 표현하고 감사할 때, 하나님은 그에 더하여 부어 주시고 더 큰 은혜를 내려 주십니다. 그러므로 그리스도인은 언제나 후하게 주시는 좋으신 하나님을 믿고 감사하는 삶을 살아야 합니다.

🫴 나눔의 시간

오늘 우리에게 베풀어 주신 하나님의 은혜는 무엇입니까? 하나님의 은혜에 감사하며, 부모의 은혜에도 마음을 담아 감사의 마음을 표현해 봅시다.

🫴 결단의 시간

감사는 해도 그만, 안 해도 그만인 것이 아닙니다. 우리가 반드시 준수해야 할 하나님의 명령입니다. 각자에게 필요한 감사하는 마음, 감사하는 말, 감사하는 행동을 작정하고 결단합시다.

🫴 함께하는 기도

하나님 아버지, 오늘 우리에게 주신 큰 은혜에 감사합니다. 함께 예배 드릴 수 있는 가정을 허락해 주셔서 감사합니다. 우리의 마음과 말이 감사로 가득한 삶이 되도록 인도해 주옵소서. 예수님의 이름으로 기도합니다. 아멘.

🫴 암송 말씀

하늘의 하나님께 감사하라 그 인자하심이 영원함이로다 _시편 136:26

🫴 주기도문

7월 31일

기적을 일으키는 믿음

믿음_ 순종

신앙고백 | 사도신경
찬송 | 301, 304장
본문 말씀 | 마가복음 9장 22-23절

> 귀신이 그를 죽이려고 불과 물에 자주 던졌나이다 그러나 무엇을 하실 수 있거든 우리를 불쌍히 여기사 도와 주옵소서 예수께서 이르시되 할 수 있거든이 무슨 말이냐 믿는 자에게는 능히 하지 못할 일이 없느니라 하시니

예수님을 믿고 믿음으로 나아갈 때 기적이 일어납니다. 예수님은 "할 수 있거든이 무슨 말이냐 믿는 자에게는 능히 하지 못할 일이 없느니라"막 9:23고 말씀합니다. 우리는 약속의 말씀을 믿고, 예수 그리스도의 이름으로 나아가 많은 열매를 맺는 하나님의 인정을 받는 일꾼이 돼야 합니다.

1967년부터 1993년까지 예일대학의 역사학 교수로 재직했던 램지 맥뮬란Ramsay MacMullan은 어떻게 300년이라는 짧은 기간에 변두리 출신 전도자들이 로마제국을 기독교화시켰는지 연구했습니다. 그의 연구에 따르면, 당시에 기독교가 로마제국을 정복할 수 있었던 가장 큰 이유는 귀신을 쫓아내는 데 탁월했기 때문입니다. 전도자들이 귀신 들린 사람에게 "예수의 이름으로 물러가라!"고 기도했을 때 귀신이 물러가고, 아픈 사람에게 손을 얹고 기도했을 때 병이 나았기 때문에 많은 사람이 예수님을 믿고 돌아오게 되었다는 것입니다.

우리 자신의 유익이나 영광을 위해서가 아니라 오직 하나님의 영광을 위하여 믿음으로 나아갈 때 예수님의 보혈의 능력이 나타납니다. 기적을 체험하고 모든 영광을 하나님께 올려 드림으로 하나님께 쓰임 받는 일꾼이 돼야 합니다.

나눔의 시간

하나님이 허락하신 기적을 경험했던 적이 있습니까? 우리 삶에 허락하신 하나님의 은혜와 능력에 감사하며 간증을 나눠 봅시다.

결단의 시간

믿는 자에게는 능히 하지 못할 일이 없습니다. 믿음을 가지면 예수 그리스도의 보혈의 능력이 나타납니다. 오늘 믿음을 갖고 기도해야 하는 일은 무엇입니까? 하나님의 능력이 나타나도록 기도합시다.

함께하는 기도

하나님 아버지, 우리에게 예수님 이름의 능력을 주옵소서. 이 땅의 그리스도인이 성령충만 받아서 예수님의 이름으로 귀신을 쫓아내며 문제를 해결받고 병을 고치는, 하나님의 놀라운 기적을 나타내게 하여 주옵소서. 예수님의 이름으로 기도합니다. 아멘.

암송 말씀

> 예수께서 이르시되 할 수 있거든이 무슨 말이냐 믿는 자에게는 능히 하지 못할 일이 없느니라 하시니 _마가복음 9:23

주기도문

성령충만_경건생활

August

8월
August

성령충만_ 경건생활

8월 1일

충만한 은혜

신앙고백 | 사도신경
찬송 | 309, 314장
본문 말씀 | 요한복음 1장 14-16절

> 말씀이 육신이 되어 우리 가운데 거하시매 우리가 그의 영광을 보니 아버지의 독생자의 영광이요 은혜와 진리가 충만하더라 요한이 그에 대하여 증언하여 외쳐 이르되 내가 전에 말하기를 내 뒤에 오시는 이가 나보다 앞선 것은 나보다 먼저 계심이라 한 것이 이 사람을 가리킴이라 하니라 우리가 다 그의 충만한 데서 받으니 은혜 위에 은혜러라

'충만'이라는 단어는 양적으로나 질적으로 '가득 차다', '충분하다', '차고 넘치다'라는 뜻입니다. 물이 가득 차서 넘치는 것처럼 예수님은 은혜가 충만한 분이십니다. 우리는 충만하신 예수님을 통하여 차고 넘치는 은혜를 받았습니다. 예수님은 2천 년 전 이 땅에 계셨을 때뿐만 아니라 지금도 계속해서 충만한 은혜를 주십니다.

예수님을 믿는 우리는 은혜를 충만히 받으며 살아야 합니다. 은혜를 충만히 받지 못하면 삶에 기쁨이 없어서 예수님을 믿으면서도 늘 불평하거나 부정적인 말로 다른 사람을 비방하게 됩니다. 이것은 옛사람의 모습입니다. 이제는 옛 사람의 모습을 버리고 새사람답게 하나님이 베풀어 주시는 충만한 은혜로 사시기 바랍니다. 하나님께 풍성한 은혜를 받아 말씀과 성령, 치유와 회복, 용서와 사랑이 충만함으로 가정과 환경이 변화되는 놀라운 역사를 경험하게 되시기를 바랍니다.

💚 나눔의 시간

주님께 받은 것 중 가장 큰 은혜는 무엇입니까? 그 은혜가 삶 속에 어떤 변화를 가져왔는지 나눠 봅시다.

💚 결단의 시간

불평과 불만, 부정적인 말은 은혜와 거리가 먼 삶의 요소입니다. 은혜와 상관없는 것은 버리고 은혜로운 새사람이 되기를 결단합시다.

💚 함께하는 기도

하나님 아버지, 은혜가 충만함으로 삶 속의 모든 죄와 부정적인 것이 물러가기 원합니다. 주님의 은혜와 상관없는 모든 것을 우리 가정에서 떠나게 하시고, 은혜의 대화, 사랑의 실천이 넘치도록 인도해 주옵소서. 예수님의 이름으로 기도합니다. 아멘.

💚 암송 말씀

우리가 다 그의 충만한 데서 받으니 은혜 위에 은혜러라 _요한복음 1:16

💚 주기도문

8월 2일

성령충만과 담대함

신앙고백 | 사도신경
찬송 | 287, 288장
본문 말씀 | 사도행전 4장 29-31절

> 주여 이제도 그들의 위협함을 굽어보시옵고 또 종들로 하여금 담대히 하나님의 말씀을 전하게 하여 주시오며 손을 내밀어 병을 낫게 하시옵고 표적과 기사가 거룩한 종 예수의 이름으로 이루어지게 하옵소서 하더라 빌기를 다하매 모인 곳이 진동하더니 무리가 다 성령이 충만하여 담대히 하나님의 말씀을 전하니라

성령충만함을 받으면 담대하게 하나님의 말씀을 전하게 됩니다. 특별히 '담대히'라는 단어가 들어가면 목숨의 위험을 무릅쓰고 모든 대적 앞에서 복음을 전했다는 것을 의미합니다. 초대 교회의 사도들과 성도가 신앙을 지키고 복음을 증거하면서 부딪혀야 했던 상황은 현재 우리와는 차원이 다릅니다. 신앙을 고백하고 복음을 증거하는 일에는 목숨의 위협이 항상 뒤따랐습니다. 그들은 불과 한두 달 전에 예수님을 십자가에 못 박아 죽였던 사람들 앞에서 복음을 전해야 했습니다. 예수님이 붙잡히시던 날 밤 목숨을 건지기 위해 도망쳤던 제자의 모습을 떠올려 본다면 불가능한 일입니다. 성령님이 초대 교회의 사도들과 성도 가운데 충만하게 임하셔서 그들을 담대하게 만드신 것입니다.

아무리 성경 지식이 많고, 신앙생활을 오래 하고, 교회에서 많이 봉사했다고 하더라도 복음을 증거할 때의 담대함은 저절로 생기는 것이 아닙니다. 성도는 성령의 충만함을 받아야 담대해지고 어떤 환경과 조건 속에서도 능력

있는 복음 증거자가 될 수 있습니다.

나눔의 시간

삶 속에서 느끼는 두려움은 어떤 것이 있습니까? 마음에 있는 두려움의 원인과 증상에 대해 생각해 봅시다.

결단의 시간

성령충만은 복음을 증거할 수 있는 담대함을 줍니다. 거꾸로 생각해 보면, 담대하게 복음을 증거할 때 성령충만을 받을 수 있다는 말입니다. 삶 속에서 담대하게 복음을 증거해야 하는 영역이 있다면 어디입니까? 성령님을 의지하여 복음을 증거하기로 결단합시다.

함께하는 기도

하나님 아버지, 복음을 증거할 때마다 의기소침하고 두려움 가운데 있던 우리의 삶을 회개합니다. 성령의 충만함을 허락해 주셔서, 담대하게 복음을 증거하며 살아갈 수 있도록 인도해 주옵소서. 복음을 전함으로 성령충만을 경험하는 삶과 가정 되도록 역사해 주옵소서. 예수님의 이름으로 기도합니다. 아멘.

암송 말씀

> 빌기를 다하매 모인 곳이 진동하더니 무리가 다 성령이 충만하여 담대히 하나님의 말씀을 전하니라 _사도행전 4:31

주기도문

성령충만_ 경건생활

8월 3일

하늘을 우러러

신앙고백 | 사도신경
찬송 | 386, 407장
본문 말씀 | 사도행전 7장 55-56절

> 스데반이 성령충만하여 하늘을 우러러 주목하여 하나님의 영광과 및 예수께서 하나님 우편에 서신 것을 보고 말하되 보라 하늘이 열리고 인자가 하나님 우편에 서신 것을 보노라 한대

　스데반은 하나님의 영광과 예수님이 하나님 우편에 서 계신 것을 보았습니다. 그가 이런 광경을 볼 수 있었던 것은 성령충만했기 때문입니다.
　'성령충만하다'는 것은 '성령님께 사로잡혔다'는 뜻입니다. '성령의 지배를 받고 있다'는 것입니다. 성령충만한 사람은 환경이 좋든 나쁘든 영향을 받지 않습니다. 또한 성령님께 사로잡힌 사람은 분노하지 않습니다. 미워하지도, 다투지도 않습니다. 늘 기쁨과 감사, 은혜가 넘칩니다. 왜냐하면 마음이 성령님께 사로잡혀서 항상 성령의 열매가 맺히기 때문입니다. 스데반은 성령님이 점령하고 계셨기 때문에 절망적인 상황 속에서도 조금도 두려워하지 않았습니다. 성령충만한 사람은 세상도, 사람도, 자신도 보이지 않고 오직 주님만 보입니다. 이처럼 성령충만하면 어떤 어려움도 이길 수 있을 뿐 아니라 스데반처럼 죽음도 넉넉히 이길 수 있습니다.
　성령충만한 스데반은 하나님이 계신 하늘을 바라보았습니다. 스데반이 하늘을 바라보았을 때 마음에 용서가 임했습니다. 그래서 자신에게 돌을 던진 사람들까지도 용서할 수 있었던 것입니다. 우리도 스데반처럼 하늘을 바라봐야 합니다. 성령충만을 사모해야 합니다. 주님이 주시는 넓은 마음과 사랑과 용서를 받아야 합니다.

나눔의 시간

우리는 환경을 지배하고 있습니까? 아니면 환경의 지배를 받고 있습니까? 각자가 처한 상황이 삶에 어떤 영향을 미치는지 나눠 봅시다.

결단의 시간

성령충만한 사람은 상황이 아니라 성령님의 지배를 받습니다. 하나님을 바라보고, 그 은혜와 능력을 통해 상황을 지배하게 됩니다. 성령충만함으로 어떤 상황이나 환경이라도 정복하기로 결단합시다.

함께하는 기도

하나님 아버지, 우리 삶이 환경의 지배를 받는 것이 아니라 성령님의 지배를 받기 원합니다. 성령충만함으로 주님을 바라보고, 주님이 주시는 은혜와 사랑을 누리는 삶이 되기를 원합니다. 우리의 시선이 하늘을 우러르게 하시고, 마음과 생각을 지켜 주셔서, 성령으로 충만한 삶이 되도록 인도해 주옵소서. 예수님의 이름으로 기도합니다. 아멘.

암송 말씀

스데반이 성령충만하여 하늘을 우러러 주목하여 하나님의 영광과 및 예수께서 하나님 우편에 서신 것을 보고 _사도행전 7:55

주기도문

성령충만_ 경건생활

성령충만을 사모하라

신앙고백 | 사도신경
찬송 | 180, 191장
본문 말씀 | 누가복음 11장 9-13절

> 내가 또 너희에게 이르노니 구하라 그러면 너희에게 주실 것이요 찾으라 그러면 찾아낼 것이요 문을 두드리라 그러면 너희에게 열릴 것이니 구하는 이마다 받을 것이요 찾는 이는 찾아낼 것이요 두드리는 이에게는 열릴 것이니라 너희 중에 아버지 된 자로서 누가 아들이 생선을 달라 하는데 생선 대신에 뱀을 주며 알을 달라 하는데 전갈을 주겠느냐 너희가 악할지라도 좋은 것을 자식에게 줄 줄 알거든 하물며 너희 하늘 아버지께서 구하는 자에게 성령을 주시지 않겠느냐 하시니라

성령충만하려면 성령님을 사모해야 합니다. 성령충만을 사모하면 하나님은 계속적으로 성령을 부어 주시며 우리의 삶에 놀라운 축복을 허락하십니다.

예수님은 성령충만을 적극적으로 구하라고 하셨으며, 또한 구하는 자에게 성령을 주신다고 약속하셨습니다. 미국의 대표적인 복음주의자인 토저 A. W. Tozer 목사는 "하나님을 향한 굶주림이 있는 자에게 성령이 임하신다"고 말했습니다. 성령충만하기 위해서 반드시 성령을 사모해야 한다는 것입니다.

우리 옛말에도 '우는 아이 젖 준다' 는 말이 있습니다. 부모도 자녀가 여러 번 간청하면 그 간청에 못 이겨서 원하는 것을 사 주게 됩니다. 마찬가지로 우리도 성령의 충만함을 받기 위해 자녀가 부모에게 떼를 쓰듯, 하나님께 끊임없이 간청해야 합니다.

나눔의 시간

무언가를 간절히 원한 적이 있습니까? 왜 그렇게 간절했는지, 그것을 이루기 위해 어떻게 했는지 함께 나눠 봅시다.

결단의 시간

초대 교회 성도처럼 성령충만을 받기 위해 날마다 시간을 정해 예배하고 기도하기로 결단합시다.

함께하는 기도

하나님 아버지, 성령충만을 사모합니다. 성령님이 우리 삶과 가정을 새롭게 하시기 원합니다. 우리의 모임과 예배 가운데 임하여 주시고, 날마다 새로운 하나님의 은총을 허락해 주옵소서. 끊임없이 성령을 갈망하고 간구하는 믿음의 가정이 되도록 인도해 주옵소서. 예수님의 이름으로 기도합니다. 아멘.

암송 말씀

너희가 악할지라도 좋은 것을 자식에게 줄 줄 알거든 하물며 너희 하늘 아버지께서 구하는 자에게 성령을 주시지 않겠느냐 하시니라 _누가복음 11:13

주기도문

8월 5일

신령한 지혜

신앙고백 | 사도신경
찬송 | 199, 204장
본문 말씀 | 야고보서 3장 17-18절

> 오직 위로부터 난 지혜는 첫째 성결하고 다음에 화평하고 관용하고 양순하며 긍휼과 선한 열매가 가득하고 편견과 거짓이 없나니 화평하게 하는 자들은 화평으로 심어 의의 열매를 거두느니라

하나님의 자녀는 세상적인 지혜가 아니라 하나님으로부터 오는 신령한 지혜가 필요합니다. 성결, 화평, 관용, 양순하고, 긍휼과 선한 열매가 가득한 편견과 거짓이 없는 지혜가 필요합니다. 하나님은 성령이 충만한 자에게 이런 지혜를 주십니다. 이를 통해 우리는 온갖 보화가 담긴 절대 진리와 축복의 말씀을 올바로 깨닫고 우리 삶 가운데 적용할 수 있게 됩니다.

특별히 하나님이 주신 지혜를 가지고 말씀을 묵상할 때, 성령님은 마음에 감동을 주심으로 우리 삶을 인도하고 도우십니다. 평상시 그냥 지나가던 말씀인데 어느 날은 마음속에 깊은 감동이 되고 마음에 새겨질 때가 있습니다. 그것을 가리켜 개인에게 '주시는 말씀'이라고 합니다. 이는 성령님이 감동하게 하심으로 말미암아 성경에 나와 있는 '기록된 말씀'이 우리 개인에게 선포되고 적용된 것을 말합니다. 즉 살아 역사하는 능력의 말씀입니다.

우리의 삶이 성령으로 감동된 '주시는 말씀'으로 가득 차고, 인도함을 받을 때 우리는 승리하는 신앙생활을 할 수 있습니다. 그러므로 그리스도인은 성령충만을 받아 지혜를 얻어야 합니다.

나눔의 시간

최근 은혜와 감동으로 다가온 '주시는 말씀'은 무엇인지 나눠 봅시다.

결단의 시간

'기록된 말씀'이 '주시는 말씀'이 되도록 성경 말씀을 읽고 묵상하는 일에 최선을 다해야 합니다. 이를 위해 말씀을 가까이할 것을 결단합시다.

함께하는 기도

하나님 아버지, 세상적인 지혜가 아니라 신령한 지혜를 사모합니다. 주님이 주시는 은혜와 감동으로 '기록된 말씀'이 '주시는 말씀'으로 변화되는 역사가 일어나기 원합니다. 이를 위해 하나님의 말씀을 더욱 가까이할 수 있도록 인도해 주옵소서. 성령님의 감동으로 말씀을 깨닫고, 하나님의 역사와 능력을 체험하는 믿음 갖도록 역사해 주옵소서. 예수님의 이름으로 기도합니다. 아멘.

암송 말씀

오직 위로부터 난 지혜는 첫째 성결하고 다음에 화평하고 관용하고 양순하며 긍휼과 선한 열매가 가득하고 편견과 거짓이 없나니 _야고보서 3:17

주기도문

성령충만_경건생활

8월 6일

성령충만을 유지하라

신앙고백 | 사도신경
찬송 | 190, 197장
본문 말씀 | 데살로니가전서 5장 16-19절

> 항상 기뻐하라 쉬지 말고 기도하라 범사에 감사하라 이것이 그리스도 예수 안에서 너희를 향하신 하나님의 뜻이니라 성령을 소멸하지 말며

일생 동안 승리하는 신앙생활을 할 수 있는 비결은 성령충만입니다. 그런데 문제는 우리가 항상 성령충만할 수 없다는 것입니다. 그렇기 때문에 우리는 늘 성령충만을 유지하기 위해 노력해야 합니다.

성령충만은 한 번 받고 끝나는 것이 아니며 지속적으로 받아야 합니다. 뜨겁게 끓던 물도 시간이 지나면 식는 것처럼, 예배 때 받은 뜨거운 성령충만이 세상에 나가 죄악의 찬 바람을 맞으면 점점 식어지게 됩니다.

성령충만을 유지하기 위해 소위 '자기계발'을 해야 합니다. 항상 입술에서 감사와 찬송이 떠나지 않게 하고 수시로 기도해야 합니다. 아침에 일어나서 기도하고, 잠자리 들기 전에 기도하고, 설거지하면서 기도하고, 운전하면서 기도하는 등 기도를 생활화해야 합니다. 이렇게 할 때 하나님이 늘 성령으로 가득 채워 주시는 것입니다.

그러므로 성령을 소멸시키지 않으려면 항상 기뻐하고, 쉬지 말고 기도하고, 범사에 감사하며 하나님의 뜻을 따라 순종하는 삶을 살아야 합니다.

나눔의 시간

중요한 물건이나 사람을 잃어버린 적이 있습니까? 언제 어떻게 잃었고, 그때 어떤 마음이었는지 나눠 봅시다.

결단의 시간

성령충만을 유지하기 위해서는 지속적으로 하나님과 친밀함을 유지해야 합니다. 기쁨, 기도, 감사가 지속돼야 합니다. 이 중 지금 우리 삶에 가장 필요한 것은 무엇인지 생각해 보고 결단하는 시간을 가집시다.

함께하는 기도

하나님 아버지, 성령님을 소멸시키지 않도록 노력하겠습니다. 기뻐하고 기도하기로 결단합니다. 감사가 넘치는 삶을 선택하겠습니다. 성령충만을 유지하는 삶이 되도록 인도해 주옵소서. 날마다 주님과 동행하는 삶을 살아가도록 역사해 주옵소서. 예수님의 이름으로 기도합니다. 아멘.

암송 말씀

> 항상 기뻐하라 쉬지 말고 기도하라 범사에 감사하라 이것이 그리스도 예수 안에서 너희를 향하신 하나님의 뜻이니라 성령을 소멸하지 말며 _데살로니가전서 5:16-19

주기도문

8월 7일

자신을 죽이는 것

성령충만_ 경건생활

신앙고백 | 사도신경
찬송 | 265, 270장
본문 말씀 | 고린도전서 9장 24-27절

> 운동장에서 달음질하는 자들이 다 달릴지라도 오직 상을 받는 사람은 한 사람인 줄을 너희가 알지 못하느냐 너희도 상을 받도록 이와 같이 달음질하라 이기기를 다투는 자마다 모든 일에 절제하나니 그들은 썩을 승리자의 관을 얻고자 하되 우리는 썩지 아니할 것을 얻고자 하노라 그러므로 나는 달음질하기를 향방 없는 것 같이 아니하고 싸우기를 허공을 치는 것 같이 아니하며 내가 내 몸을 쳐 복종하게 함은 내가 남에게 전파한 후에 자신이 도리어 버림을 당할까 두려워함이로다

성령충만을 유지하려면 날마다 자신을 쳐서 복종시켜야 합니다. 매일 자신을 죽이는 것이 성령충만의 비결입니다. 이것은 오직 우리의 자아가 예수님 안에서 죽을 때만 가능합니다. 자아가 죽는다는 것은 자신을 비운다는 것입니다. 그릇을 비워야 그 안에 무엇을 가득 담을 수 있듯이, 자신을 비워야 성령님이 충만히 임하실 수 있습니다. 비우는 만큼 담을 수 있듯이, 우리 자신을 비우고 내려놓는 만큼 성령님이 충만히 역사하시는 것입니다.

우리 자아가 죽지 않으면 항상 문제가 생깁니다. 쉽게 속상해하고 화내고 남을 미워하게 됩니다. 하지만 성령충만한 사람은 어디서 무엇을 하든지 온유하고 겸손한 예수님의 향기가 나타납니다. 성령님은 '예수님의 영'이시기 때문입니다. 예수님의 향기가 나는 성령의 사람은 자신을 희생하고 양보할 줄 압니다. 노약자를 위해 자리를 양보하고, 운전할 때도 교통질서를 지키며 양보 운전을 합니다. 이것이 성령충만한 모습입니다. 실제적인 삶 가운데 예수님의 모습이 나타나는 것입니다.

나눔의 시간

이솝우화에는 '욕심 많은 개'가 나옵니다. 뼈다귀를 물고 다리를 건너다 물속에 비친 자신을 다른 개로 착각해, 물고 있던 뼈다귀를 물속에 빠뜨린다는 이야기입니다. 이처럼 욕심 때문에 일을 그르친 경험이 있습니까? 자아가 죽지 않아 문제가 생긴 적이 있다면 나눠 봅시다.

결단의 시간

성령충만을 유지하기 위해 깨어져야 할 자아는 무엇입니까? 예수님의 온유와 겸손을 닮기 위해 다듬어져야 하는 부분을 생각해 봅시다. 욕심과 정욕으로 가득 찬 마음의 그릇을 비워, 성령님이 충만하게 임하실 수 있도록 훈련하기로 결단합시다.

함께하는 기도

하나님 아버지, 날마다 욕심과 교만으로 가득 찬 우리의 마음을 회개합니다. 그런 마음이 깨어지고 부서지기를 소망합니다. 성령님이 우리 마음에 충만하게 역사하시고, 더러운 마음이 비워지도록 인도해 주옵소서. 성령충만이 유지되도록 역사해 주옵소서. 예수님의 이름으로 기도합니다. 아멘.

암송 말씀

내가 내 몸을 쳐 복종하게 함은 내가 남에게 전파한 후에 자신이 도리어 버림을 당할까 두려워함이로다 _고린도전서 9:27

주기도문

8월 8일

성령충만_ 경건생활

무한대 성장

신앙고백 | 사도신경
찬송 | 338, 351장
본문 말씀 | 에베소서 3장 18-19절

> 능히 모든 성도와 함께 지식에 넘치는 그리스도의 사랑을 알고 그 너비와 길이와 높이와 깊이가 어떠함을 깨달아 하나님의 모든 충만하신 것으로 너희에게 충만하게 하시기를 구하노라

사랑이 삶 가운데 넘쳐날 때 우리에게 일어나는 역사는 '하나님의 충만하심' 입니다. 사도 바울은 에베소 성도가 성령으로 충만하도록 기도했습니다. 그 너비와 길이, 높이와 깊이가 어떤지를 깨달아 하나님의 모든 충만하신 것으로 채워지길 원했습니다.

하나님의 모든 충만하신 것을 담으려면 우리 내면의 그릇이 커져야 합니다. 작은 그릇으로는 하나님의 충만하심을 다 담을 수 없습니다. 그렇기 때문에 믿음의 분량이 그만큼 자라도록 노력해야 합니다.

믿음은 '무한대 성장'을 지속해야 합니다. 절대로 멈춰서는 안 됩니다. 우리의 신앙은 하늘나라 갈 때까지 '중단 없는 전진'만을 해야 합니다. 주님을 닮은 모습으로 일생을 다하여 하나님의 영광을 위해 살아야 합니다. 그러면 무한대의 사랑과 은혜, 축복을 나누며 누리다가 영광의 주님 곁에서 기쁨으로 '할렐루야' 찬양을 드리게 될 것입니다.

나눔의 시간

　삶의 안정을 위해서 좋은 기회를 포기한 적이 있습니까? 아니면 기회를 잡기 위해 안정을 포기하고 뛰어든 적은 없습니까? 그것이 어떤 결과를 가져왔으며, 다시 기회가 온다면 무엇을 선택할지 나눠 봅시다.

결단의 시간

　믿음을 위해 그동안 무엇을 투자했습니까? 시간, 물질, 봉사, 헌신 등 지금까지 했던 것들보다 더 많은 것을 드릴 수 있습니까? 믿음 위에 믿음을 더하시는 주님을 기억하고, 은혜 위에 은혜를 더하실 것을 소망하며 신앙의 '무한대 성장'을 위해 필요한 일을 결단합시다.

함께하는 기도

　하나님 아버지, 우리의 믿음의 그릇이 더 커지길 원합니다. 하나님의 충만하심을 위해 우리의 믿음이 무한대로 성장하기를 원합니다. 삶의 모든 것을 헌신할 수 있는 믿음을 갖도록 인도해 주옵소서. 성령충만한 복과 은혜를 더 많이 누리는 가정이 되도록 역사해 주옵소서. 예수님의 이름으로 기도합니다. 아멘.

암송 말씀

> 그 너비와 길이와 높이와 깊이가 어떠함을 깨달아 하나님의 모든 충만하신 것으로 너희에게 충만하게 하시기를 구하노라 _에베소서 3:19

주기도문

성령충만_ 경건생활

8월 9일

열정

신앙고백 | 사도신경
찬송 | 353, 354장
본문 말씀 | 사도행전 9장 31-32절

그리하여 온 유대와 갈릴리와 사마리아 교회가 평안하여 든든히 서 가고 주를 경외함과 성령의 위로로 진행하여 수가 더 많아지니라 그 때에 베드로가 사방으로 두루 다니다가 룻다에 사는 성도들에게도 내려갔더니

　베드로는 부활의 예수님을 만나 신앙이 완전히 회복되었고 성령의 충만함을 받아 사명자로 거듭나게 되었습니다. 성령님께 사로잡힌 베드로는 가는 곳마다 놀라운 기적을 일으켰습니다. 또한 성령님이 인도하시는 대로 순종하면서 복음의 지경을 넓혔습니다. 성령님이 그의 마음에 복음의 열정을 일으키셨기 때문입니다.

　베드로는 복음을 전하기 위해 여러 지역을 두루 다녔습니다. 스데반의 순교 이후 거듭된 박해로 흩어진 그리스도인의 믿음을 굳게 하고, 더 많은 사람에게 복음을 증거하기 위해서였습니다. "내가 다시는 여호와야훼를 선포하지 아니하며 그의 이름으로 말하지 아니하리라 하면 나의 마음이 불붙는 것 같아서 골수에 사무치니 답답하여 견딜 수 없나이다"렘 20:9라는 예레미야의 고백처럼 사람들에게 복음을 전하지 못하면 마음이 답답해서 견딜 수가 없었기 때문입니다.

　베드로의 이런 열정은 성령충만의 결과입니다. 성령충만을 받은 사람은 가만히 앉아서 복음을 전할 기회를 기다리지 않고, 찾아가서 복음을 증거합니다. 주님을 모르는 세상 사람은 영적인 눈이 어두워 길을 잃고 방황하고 있습니다. 스스로 주님을 찾을 능력을 상실했기 때문입니다. 그들을 안타까워하며 구원하기 원하시는 성령님의 열정으로 우리는 복음을 전해야 합니다.

나눔의 시간

삶에서 무엇에 열심을 내고 있습니까? 어떤 것이 우선순위이고, 그 이유는 무엇인지 생각해 봅시다.

결단의 시간

성령충만 하려면 성령님의 관심이 우리 관심사가 되고, 성령님의 아픔이 우리 아픔이 돼야 합니다. 죽어 가는 영혼을 향한 주님의 애절한 마음과 열정을 소유해야 합니다. 이를 위해 우리가 결단해야 하는 일을 생각해 보고 결단합시다.

함께하는 기도

하나님 아버지, 죽어 가는 영혼을 향한 주님의 마음과 열정을 이해하기 원합니다. 베드로처럼, 예레미야처럼 안타까운 마음을 가지고 복음을 전하기 원합니다. 이 시간 우리 심령에 그 마음을 부어 주옵소서. 주님의 열정을 일으켜 주옵소서. 예수님의 이름으로 기도합니다. 아멘.

암송 말씀

> 그 때에 베드로가 사방으로 두루 다니다가 룻다에 사는 성도들에게도 내려갔더니
> _사도행전 9:32

주기도문

8월 10일

지혜

신앙고백 | 사도신경
찬송 | 200, 204장
본문 말씀 | 잠언 3장 13-15절

> 지혜를 얻은 자와 명철을 얻은 자는 복이 있나니 이는 지혜를 얻는 것이 은을 얻는 것보다 낫고 그 이익이 정금보다 나음이니라 지혜는 진주보다 귀하니 네가 사모하는 모든 것으로도 이에 비교할 수 없도다

성령충만을 받기 위해서 우리는 먼저 주님의 지혜로 충만해야 합니다. 이러한 지혜는 말씀을 통해 얻을 수 있습니다. 성경 말씀이 성령의 언어이기 때문입니다.

하나님의 말씀인 성경은 성령의 감동을 받은 사람들이 기록하여 완성한 것입니다. 약 1,500년 이상의 오랜 기간 동안 40여 명의 사람이 전혀 다른 배경에서 성경을 기록했는데, 전체 말씀이 다 연결되어 예수님을 증거하고 있습니다. 구약은 장차 오실 예수님을 증거하고, 신약은 이미 오신 예수님과 마지막 때에 재림하실 예수님을 증거하고 있습니다. 어떻게 그것이 가능했습니까?

성경의 저자가 성령님 한 분이시기 때문에 가능한 일입니다. 동일한 성령님이 사람들에게 감동을 주어 말씀을 기록하게 하셨습니다. 우리는 이처럼 성령의 감동으로 기록된 성경 말씀을 밤낮으로 읽고 묵상하여 성령님의 인도하심을 따라 살아가는 지혜 있는 자가 돼야 합니다.

나눔의 시간

누군가의 지혜로운 조언으로 위기를 극복한 적이 있습니까? 어떤 조언이었고, 어떻게 도움이 되었는지 나눠 봅시다.

결단의 시간

그리스도인으로서 참되게 살아가려면 성경을 통해 주시는 하나님의 음성을 들어야 합니다. 성령님의 조명하심을 통해 주님이 허락하시는 지혜를 얻기 위해 성경을 읽고 묵상하고 연구하며, 암송해야 합니다. 이를 위해 필요한 것을 결단하고 시행합시다.

함께하는 기도

하나님 아버지, 주님의 지혜로운 말씀이 우리를 회복시키고 구원하시는 것을 믿습니다. 성령님이 우리에게 허락하시는 지혜를 얻을 수 있도록 인도해 주옵소서. 이를 위해 하나님의 말씀을 가까이하는 삶과 가정 되도록 역사해 주옵소서. 예수님의 이름으로 기도합니다. 아멘.

암송 말씀

지혜를 얻은 자와 명철을 얻은 자는 복이 있나니 _잠언 3:13

주기도문

8월 11일

세월을 아끼라

신앙고백 | 사도신경
찬송 | 279, 284장
본문 말씀 | 에베소서 5장 16절

> 세월을 아끼라 때가 악하니라

성령충만한 삶을 위해서는 세월을 아껴야 합니다. 세월을 아끼라는 말은 때가 악하므로 허송세월하지 말고 악에 대항하여 선한 일을 하는데 시간을 쓰라는 말입니다. 우리는 하나님이 주신 귀한 시간을 나태하게 보내서는 안 됩니다. 일분일초를 아껴 집중하며 살아야 합니다.

공부를 잘하고 못하는 것은 주어진 시간에 얼마나 집중했느냐에 달려 있습니다. 몇 시간을 책상 앞에 앉아 있어도 온갖 잡다한 생각으로 시간을 허비하는 학생이 있는가 하면, 한 시간이라도 집중하여 시간을 활용하는 학생이 있습니다. 이와 같이 우리는 주어진 시간 동안 불필요한 일로 마음을 흐트러뜨리지 말고 하나님의 선한 일을 위해 시간과 마음을 집중시켜야 합니다.

지금까지 헛된 시간을 보냈다 하더라도 그것은 문제 되지 않습니다. 앞으로 남은 시간을 어떻게 보내느냐가 중요합니다. 지금부터라도 분초를 아껴서 주님이 기뻐하시는 삶을 위해 순간순간 최선을 다해야 합니다.

나눔의 시간

하루를 어떻게 보내십니까? 시간을 어떻게 사용하고 있는지 각자의 시간 관리법을 나눠 봅시다.

결단의 시간

물질뿐만 아니라 시간의 십일조를 주님 앞에 드리기로 작정합니다. 하루 24시간 중 주님의 영광을 위해, 주님과의 교제를 위해 시간을 드리기로 작정합시다.

함께하는 기도

하나님 아버지, 우리의 시간 또한 주님의 것임을 기억합니다. 세월을 아끼는 자로, 주님의 영광을 위해서 우리의 시간을 사용하기 원합니다. 더 많은 시간이 주님과의 교제를 위해 사용되도록 인도해 주옵소서. 선한 일을 위해 우리의 시간이 사용되도록 역사해 주옵소서. 예수님의 이름으로 기도합니다. 아멘.

암송 말씀

세월을 아끼라 때가 악하니라 _에베소서 5:16

주기도문

8월 12일

성령으로 충만하라!

신앙고백 | 사도신경
찬송 | 323, 330장
본문 말씀 | 에베소서 5장 17-18절

> 그러므로 어리석은 자가 되지 말고 오직 주의 뜻이 무엇인가 이해하라 술 취하지 말라 이는 방탕한 것이니 오직 성령으로 충만함을 받으라

세상의 시험, 유혹에서 벗어나기 위해서는 성령으로 충만해야 합니다. 거룩한 성령과 더러운 죄는 공존할 수 없기 때문에 성령충만하면 우리 안에 있는 죄성이 사라집니다. 그러므로 성령충만은 죄의 사슬에서 우리를 해방시킬 수 있습니다.

에베소는 향락에 빠진 방탕하고 무절제한 도시였으며, 술 취하고 방탕한 것이 오히려 자연스러운 곳이었습니다. 그래서 에베소 교인은 항상 세상의 유혹과 시험에 노출돼 있었습니다. 죄의 영향력이 우는 사자와 같이 거룩한 교회를 삼키려고 호시탐탐 노리던 곳이 에베소였습니다. 그런 에베소에서 거룩하고 온전하게 살려면 성령충만으로 더러운 것이 삶에 틈입하지 못하도록 만들어야 했습니다.

그러므로 사도 바울은 '술 취하지 말라. 오직 성령으로 충만함을 받으라'고 명령합니다. 술 취하는 대신 성령으로 충만하라는 것입니다. 이는 에베소와 비슷한 사회를 살아가는 우리에게도 해당되는 명령입니다. 성령으로 충만함을 받으라!

🌱 나눔의 시간

지난 시절, 향락에 빠진 에베소와 비슷했던 적은 없습니까? 가장 최근에 고민했던 세상 유혹과 시험은 무엇인지 구체적으로 나누는 시간을 가집시다.

🌱 결단의 시간

성령으로 충만함을 받기 위해서 무엇이 필요할까요? 우리 삶을 성령으로 채우기 위한 구체적인 방법을 생각해 보고 결단합시다.

🌱 함께하는 기도

하나님 아버지, 우리가 살고 있는 이 땅은 에베소와 다르지 않습니다. 쾌락과 향락을 위한 시험과 유혹이 계속되고 있습니다. 이 가운데서도 거룩함을 잃지 않기 원합니다. 성령충만하기 원합니다. 역사해 주옵소서. 예수님의 이름으로 기도합니다. 아멘.

🌱 암송 말씀

그러므로 어리석은 자가 되지 말고 오직 주의 뜻이 무엇인가 이해하라 _에베소서 5:17

🌱 주기도문

성령충만_ 경건생활

8월 13일

능력의 비결

신앙고백 | 사도신경
찬송 | 502, 510장
본문 말씀 | 고린도전서 2장 4-5절

> 내 말과 내 전도함이 설득력 있는 지혜의 말로 하지 아니하고 다만 성령의 나타나심과 능력으로 하여 너희 믿음이 사람의 지혜에 있지 아니하고 다만 하나님의 능력에 있게 하려 하였노라

성령충만하면 악한 영을 쫓아낼 수 있습니다. 성령충만이 바로 능력의 비결입니다. 예수님은 "나의 멍에를 메고 내게 배우라"마 11:29고 말씀하셨지만 실제로는 주님이 우리의 멍에를 모두 감당하십니다. 주님이 멍에를 메시고 우리 앞에 펼쳐진 인생의 험한 밭을 다 갈아엎으시면서 길을 여시기 때문입니다. 우리는 주님의 멍에에 어깨만 걸쳐놓으면 되는 것입니다.

그러므로 무엇을 하든지 일생 동안 주님과 동업해야 합니다. 사업하는 분은 사업장에서 성령님과 동업해야 합니다. 직장에서 일할 때도 하나님의 영광을 위해 일해야 합니다. 공부할 때도 주님이 주시는 지혜로 해야 합니다. 주님이 주시는 지혜와 건강, 집중력으로 공부하고 일하면 모든 일에 형통할 수 있습니다.

이처럼 우리가 악한 영을 쫓아내고 세상에서 승리하기 위해서는 성령님과 동업해야 합니다. 성령충만을 받아야 합니다. 성령님과 동업한다고 하지만 실제로는 성령님이 다 하시는 것입니다. 우리는 성령님 뒤에 따라만 가면 됩니다.

나눔의 시간

가족과 함께 무엇을 만들어 본 적이 있습니까? 눈사람, 크리스마스트리 등을 만드는 작업을 함께한 경험이 있다면, 즐거웠던 추억을 나눠 봅시다.

결단의 시간

성령충만하면 성령님이 우리 삶에 개입하십니다. 우리의 일을 성령님이 주관하시고 인도하십니다. 해결하기 어려운 일도 잘 풀리고 형통하게 됩니다. 마음을 성령님께 내어 드리면 이런 일이 일어납니다. 삶의 목적과 우선순위를 성령님께 두기로 결단합시다.

함께하는 기도

하나님 아버지, 성령충만하기를 원합니다. 성령님이 주시는 힘과 능력으로 살아가기 원합니다. 오늘 우리 삶에 개입하여 이끌어 주옵소서. 주님의 영광을 위해 살아가고, 주님이 주시는 지혜로 승리할 수 있도록 역사해 주옵소서. 예수님의 이름으로 기도합니다. 아멘.

암송 말씀

> 내 말과 내 전도함이 설득력 있는 지혜의 말로 하지 아니하고 다만 성령의 나타나심과 능력으로 하여 너희 믿음이 사람의 지혜에 있지 아니하고 다만 하나님의 능력에 있게 하려 하였노라 _고린도전서 2:4-5

주기도문

성령충만_ 경건생활

8월 14일

정성스러운 헌금

신앙고백 | 사도신경
찬송 | 50, 79장
본문 말씀 | 사도행전 11장 27-30절

> 그 때에 선지자들이 예루살렘에서 안디옥에 이르니 그 중에 아가보라 하는 한 사람이 일어나 성령으로 말하되 천하에 큰 흉년이 들리라 하더니 글라우디오 때에 그렇게 되니라 제자들이 각각 그 힘대로 유대에 사는 형제들에게 부조를 보내기로 작정하고 이를 실행하여 바나바와 사울의 손으로 장로들에게 보내니라

역사 기록을 살펴보면 글라우디오Claudius가 로마의 황제였던 AD 44년부터 48년까지 약 4년간 온 지방에 극심한 흉년이 들었습니다. 이로 인해 유대 지방에 있는 많은 사람이 굶주림으로 고통을 겪었습니다. 그 소식을 들은 안디옥 교회 성도는 예루살렘 교회로 구제헌금을 보내기로 결정했습니다. 사실 안디옥 교회 성도도 형편이 넉넉한 것은 아니었지만, 십시일반 모금해서 예루살렘 성도를 돕기로 결정한 것입니다.

여기에서 우리는 헌금의 정신을 배울 수 있습니다. 누가복음 21장에서 가난한 과부는 하나님께 자신의 생활비 전부인 두 렙돈을 드렸습니다. '두 렙돈'은 오늘날로 환산하면 20원에 해당하는 아주 적은 액수입니다. 그러나 예수님은 과부를 칭찬하셨습니다. 주님이 기뻐하시는 것은 돈의 많고 적음이 아니라 정성이었기 때문입니다.

그러므로 우리도 정성을 담아 헌금해야 합니다. 최선을 다해 최고의 정성으로 헌금을 드려야 합니다.

🌱 나눔의 시간

한 결혼정보회사가 미혼남녀 527명을 대상으로 이성에게 받고 싶은 선물을 조사했습니다. 그 결과 남자는 스마트 기기, 여자는 보석류가 각각 1위를 했습니다. 물질만능주의가 낳은 씁쓸한 현실입니다. 우리가 가장 받고 싶은 선물은 무엇인지, 또한 우리를 기쁘게 하는 선물은 무엇인지 나눠 봅시다.

🌱 결단의 시간

하나님이 기뻐하시는 헌금은 돈이 아니라 마음이고, 정성입니다. 하나님은 적은 액수라도 하나님을 사랑하고 섬기고 싶은 마음이 담긴 헌금을 기뻐하십니다. 안디옥 교회의 성도처럼 누가복음의 과부처럼 주님을 위해 마음과 정성을 담아 드려야 할 헌금은 무엇인지 생각해 보고, 결단하는 시간을 가집시다.

🌱 함께하는 기도

하나님 아버지, 마음과 정성을 기뻐하시는 주님의 마음을 이해하기 원합니다. 부담감으로 하나님께 억지로 헌금하지 않기를 소망합니다. 즐겁고 기쁜 마음으로 주님의 나라와 영광을 위해 헌신할 수 있도록 인도해 주옵소서. 나보다 어렵고 힘든 사람을 위해 주님이 주신 물질을 사용할 수 있는 지혜를 허락해 주옵소서. 예수님의 이름으로 기도합니다. 아멘.

🌱 암송 말씀

제자들이 각각 그 힘대로 유대에 사는 형제들에게 부조를 보내기로 작정하고 이를 실행하여 바나바와 사울의 손으로 장로들에게 보내니라 _사도행전 11:29-30

🌱 주기도문

성령충만_ 경건생활

8월 15일

준비하라

신앙고백 | 사도신경
찬송 | 150, 180장
본문 말씀 | 사도행전 22장 17-18절

> 후에 내가 예루살렘으로 돌아와서 성전에서 기도할 때에 황홀한 중에 보매 주께서 내게 말씀하시되 속히 예루살렘에서 나가라 그들은 네가 내게 대하여 증언하는 말을 듣지 아니하리라 하시거늘

예루살렘에 있는 그리스도인은 회심한 사울이 유대인의 위협 아래 있는 것을 원하지 않았습니다. 그래서 사울과 가이사랴까지 동행해서 그의 고향인 다소로 피신시켰습니다. 그런데 본문 말씀에서 사울이 예루살렘을 떠나기로 한 것은 그리스도인의 도움보다 성령의 인도하심 때문이라고 기록합니다. 그는 기도 가운데 주님의 음성을 듣고 움직였습니다.

표면적으로는 살해의 위협을 피하기 위함이었지만, 내면적으로는 주님의 명령에 순종한 것입니다. 이렇게 사울은 교회와 긴밀히 협력할 뿐만 아니라 기도로 성령의 인도하심을 받는 훌륭한 주님의 종이었습니다. 이후 사울은 바나바가 그를 방문하기까지 다소에서 몇 년간 머물렀습니다. 사울이 다소에서 보낸 시간은 기도굴에 들어간 것과 같았습니다. 사울은 그곳에서 주님과 교제하면서 신앙을 더욱 성숙시켜 나갔습니다.

주님과 깊은 교제의 시간을 갖는 것은 매우 중요한 일입니다. 사울은 다소에 머무르는 동안 주님과 교제하면서 묵상과 기도, 말씀 연구로 이후 사역을 준비했습니다. 하나님은 로마를 두루 다니며 이방인 선교의 초석을 놓도록 사울을 준비시키신 것입니다. 하나님은 일꾼을 불러 사용하실 때 반드시 준비와 단련의 시간을 갖게 하십니다. 그러므로 우리도 기도와 말씀으로 무장하고 성령님의 인도하심을 받으며 준비하는 자가 돼야 합니다.

나눔의 시간

중요한 시험이나 일을 앞두고 어떻게 준비합니까? 차근차근 하는 편입니까, 아니면 한꺼번에 합니까? 각자 준비하는 스타일의 장단점을 나눠 봅시다.

결단의 시간

하나님은 당신의 일을 맡기실 때 준비된 자를 사용하십니다. 사울을 다소에서 준비시키신 것처럼 삶의 자리에서 우리를 준비시키십니다. 지금 자신의 자리에서 주님의 영광을 위해 준비할 것을 결단합시다.

함께하는 기도

하나님 아버지, 지금 우리가 있는 자리가 바로 다소임을 기억합니다. 하나님의 영광을 위해 준비되는 시간과 장소임을 깨닫고 영적으로 무장될 수 있기를 소망합니다. 주님의 인도하심을 받고, 주님의 말씀에 순종할 수 있도록 믿음의 전신갑주를 준비하는 성령의 사람, 성령의 가정 되도록 역사해 주옵소서. 예수님의 이름으로 기도합니다. 아멘.

암송 말씀

보매 주께서 내게 말씀하시되 속히 예루살렘에서 나가라 그들은 네가 내게 대하여 증언하는 말을 듣지 아니하리라 하시거늘 _사도행전 22:18

주기도문

8월 16일

성령충만_ 경건생활

예수를 깊이 생각하라

신앙고백 | 사도신경
찬송 | 197, 218장
본문 말씀 | 히브리서 3장 1-4절

> 그러므로 함께 하늘의 부르심을 받은 거룩한 형제들아 우리가 믿는 도리의 사도이시며 대제사장이신 예수를 깊이 생각하라 그는 자기를 세우신 이에게 신실하시기를 모세가 하나님의 온 집에서 한 것과 같이 하셨으니 그는 모세보다 더욱 영광을 받을 만한 것이 마치 집 지은 자가 그 집보다 더욱 존귀함 같으니라 집마다 지은 이가 있으니 만물을 지으신 이는 하나님이시라

　그리스도인은 하나님의 부르심을 받은 사람입니다. 하나님께 부름 받았다는 것은 하나님의 사랑 안에서 구원을 받았다는 것입니다. 또한 그리스도인은 거룩한 사람입니다. 거룩한 하나님의 자녀가 되기 위해서 죄와 분리된 삶을 살아야 합니다. 거룩함을 통해 하나님의 모습을 닮아야 합니다.
　이를 위해 그리스도인은 예수님을 깊이 묵상해야 합니다. 마음과 정성을 다해 예수님을 사모해야 합니다. 예수님은 우리에게 하나님의 일을, 하나님께는 우리의 일을 대변하십니다. 예수님은 우리가 믿는 도리의 사도로서 하나님의 뜻을 우리에게 전달해 주시는 분입니다. 그러므로 예수님을 깊이 묵상할 때, 하나님의 뜻을 깨닫게 되고 나아갈 바도 알게 되는 것입니다.
　생각이 뜻이 되고, 뜻이 삶이 되는 것입니다. 우리가 예수님을 깊이 생각할 때, 예수님의 뜻을 품게 될 것이고, 예수님의 뜻을 품을 때 주님의 영광을 위한 삶이 될 것입니다.

🌱 나눔의 시간

마음과 생각을 사로잡고 있는 일이 있습니까? 우리 삶의 우선순위가 어떤 것에 있는지 나눠 봅시다.

🌱 결단의 시간

무엇을 결정하기 전에 '예수님이라면 어떻게 하셨을까?'를 생각하고 예수님처럼 말하고 행동하기를 결단합시다.

🌱 함께하는 기도

하나님 아버지, 주님을 깊이 생각하는 삶과 가정이 되기를 소망합니다. 하나님의 부르심을 받은 영혼과 가정으로 거룩한 삶을 살아갈 수 있도록 인도해 주옵소서. 예수님의 이름으로 기도합니다. 아멘.

🌱 암송 말씀

그러므로 함께 하늘의 부르심을 받은 거룩한 형제들아 우리가 믿는 도리의 사도이시며 대제사장이신 예수를 깊이 생각하라 _히브리서 3:1

🌱 주기도문

성령충만_경건생활

8월 17일

다 주의 것

신앙고백 | 사도신경
찬송 | 428, 429장
본문 말씀 | 역대상 29장 16-17절

> 우리 하나님 여호와(야훼)여 우리가 주의 거룩한 이름을 위하여 성전을 건축하려고 미리 저축한 이 모든 물건이 다 주의 손에서 왔사오니 다 주의 것이니이다 나의 하나님이여 주께서 마음을 감찰하시고 정직을 기뻐하시는 줄을 내가 아나이다 내가 정직한 마음으로 이 모든 것을 즐거이 드렸사오며 이제 내가 또 여기 있는 주의 백성이 주께 자원하여 드리는 것을 보오니 심히 기쁘도소이다

　경건 생활은 주님께 영광을 돌리는 것으로 주님이 주신 은혜를 기억하며 감사하는 것입니다. 즉 주님이 주신 것을 다시 주님께 돌려 드리며 기뻐하는 생활입니다.

　다윗은 하나님의 성전을 아름답게 짓고 싶었습니다. 그러나 하나님은 다윗이 전쟁을 통해 너무 많은 피를 흘리게 했기 때문에 성전 짓는 것을 허락하지 않으셨습니다. 다윗은 하나님의 뜻에 따라 자신이 성전을 짓는 대신, 아들 솔로몬이 성전을 짓도록 준비했습니다. 성전 건축에 필요한 막대한 자재와 설계도도 하나님께 기도하여 준비했습니다. 가장 아름다운 성전이 건축될 수 있도록 최선을 다했습니다. 다윗은 모든 것을 준비한 후에 "이 모든 것이 다 주님이 주신 것입니다"라고 고백했습니다.

　우리도 주님의 일을 하면서 이런 고백을 드려야 합니다. "저는 주님의 은혜로 주님의 일을 하며, 주님이 주신 물질로 주님을 섬깁니다" 우리는 주님께서 은혜로 주신 것을 기쁨과 감사함으로 다시 돌려드려야 합니다.

💚 나눔의 시간

언제 서로에게 감사의 마음을 느낍니까? 가족일수록 감사의 마음을 표현하기가 쑥스러울 수 있습니다. 당연하게 여겼던 아버지의 수고, 어머니의 헌신, 자녀의 존재에 대해 감사의 말을 나눠 봅시다.

💚 결단의 시간

마음의 성전을 건축하기 위해 필요한 것은 무엇입니까? 주님이 그것을 위해 우리 삶에 허락하신 은혜는 무엇입니까? 주님이 주신 것을 주님의 영광을 위해 사용하도록 결단합시다.

💚 함께하는 기도

하나님 아버지, 주님이 우리에게 허락하신 놀라운 은혜에 감사드립니다. 오늘 주님이 주신 은혜에 감사하며 주님께 영광 돌리는 가정이 되길 원합니다. 주님이 주신 것을 주님의 나라를 위해 사용할 수 있는 믿음의 가정 되도록 인도해 주옵소서. 예수님의 이름으로 기도합니다. 아멘.

💚 암송 말씀

우리 하나님 여호와(야훼)여 우리가 주의 거룩한 이름을 위하여 성전을 건축하려고 미리 저축한 이 모든 물건이 다 주의 손에서 왔사오니 다 주의 것이니이다 _역대상 29:16

💚 주기도문

성령충만_ 경건생활

8월 18일

정결케 하라

신앙고백 | 사도신경
찬송 | 421, 423장
본문 말씀 | 레위기 16장 29-31절

> 너희는 영원히 이 규례를 지킬지니라 일곱째 달 곧 그 달 십일에 너희는 스스로 괴롭게 하고 아무 일도 하지 말되 본토인이든지 너희 중에 거류하는 거류민이든지 그리하라 이 날에 너희를 위하여 속죄하여 너희를 정결하게 하리니 너희의 모든 죄에서 너희가 여호와^{야훼} 앞에 정결하리라 이는 너희에게 안식일 중의 안식일인즉 너희는 스스로 괴롭게 할지니 영원히 지킬 규례라

　하나님은 당신의 백성에게 정결과 거룩함을 요구하십니다. 정결해야 하나님의 복과 은혜, 안식을 누릴 수 있기 때문입니다. 우리가 주님 앞에 나올 때 죄를 올바로 회개하기만 하면 하나님이 큰 은혜를 내려 주십니다.

　우리의 마음은 그릇과 같은데, 이 그릇은 주님 앞에 늘 정결해야 합니다. 식사 후에 꼭 설거지를 하는 이유가 무엇입니까? 그릇에 음식 찌꺼기가 남으면 위생과 건강에 문제가 되기 때문입니다. 더러운 그릇에는 다시 음식을 담을 수가 없습니다. 누가 곰팡이 핀 그릇에 맛있는 음식을 담아 주겠습니까? 그릇을 깨끗하게 잘 닦아 두었다가 음식을 차려내야 합니다. 이처럼 우리도 주님 앞에 나올 때마다 예수 그리스도의 보혈과 하나님의 말씀으로 마음을 정결하게 준비해야 합니다.

　그런 후에 "주님, 제가 왔습니다. 마음의 그릇에 주님의 말씀을 담아 주옵소서. 주님의 은혜를 담아 주옵소서. 주님의 축복을 담아 주옵소서"라고 간구해야 하는 것입니다. 그럴 때 하나님의 말씀과 은혜와 축복이 임합니다. 주님 앞에 정결한 모습으로 변화되었을 때 주님이 예비하신 복을 내려 주시는 것입니다.

나눔의 시간

삶의 불필요한 습관이나 지출이 있습니까? 그것들이 삶에 어떤 영향을 주는지 나눠 봅시다.

결단의 시간

하나님의 복을 받으려면 준비가 돼야 합니다. 하나님의 복을 받기 위해 정결하게 준비돼야 할 것은 무엇인지 생각해 보고 결단합시다.

함께하는 기도

하나님 아버지, 하나님이 싫어하시는 모든 죄악과 습관이 십자가의 보혈로 씻어지기 원합니다. 정결하게 우리의 마음을 준비함으로 하나님의 복과 은혜가 넘치는 삶과 가정이 되기를 원합니다. 이 시간 우리의 마음에 주님의 은혜를 담을 수 있는 정결함과 거룩함을 허락해 주옵소서. 예수님의 이름으로 기도합니다. 아멘.

암송 말씀

> 이 날에 너희를 위하여 속죄하여 너희를 정결하게 하리니 너희의 모든 죄에서 너희가 여호와(야훼) 앞에 정결하리라 _레위기 16:30

주기도문

성령충만_ 경건생활

8월 19일

함께 즐거워하고, 함께 울라

신앙고백 | 사도신경
찬송 | 430, 438장
본문 말씀 | 로마서 12장 13-15절

> 성도들의 쓸 것을 공급하며 손 대접하기를 힘쓰라 너희를 박해하는 자를 축복하라 축복하고 저주하지 말라 즐거워하는 자들과 함께 즐거워하고 우는 자들과 함께 울라

그리스도인은 남의 이야기를 귀담아듣고 지혜로운 권면의 말을 할 줄 알아야 합니다. 믿음이 약해 작은 일에 힘들어 하는 사람에게도 "믿음이 없이 왜 그래?"라고 야단치기보다는 "나도 옛날에 그랬어"라고 동감하며 격려해 주어야 합니다.

그리스도인은 예수님과 같이 따뜻한 마음을 가진 위로자가 돼야 합니다. 영원한 위로자 되신 예수님은 상처 입은 우리 영혼을 끌어안아 주셨습니다. 탁월한 상담자인 예수님은 주 앞에 나온 성도의 모든 고백을 언제나 들어 주시고, 그 기도에 응답해 주십니다. 또한 우리 안에 계신 보혜사 성령님은 말할 수 없는 탄식으로 우리를 대신해 중보하고 계십니다. 모든 문제와 염려를 주님은 이미 알고 계십니다. 남에게는 차마 말할 수 없는 고민이라도 주님은 다 아시며 그것에 대한 해결의 열쇠도 갖고 계십니다. 따라서 누군가 도움을 구할 때 우리는 쉽게 결론 내리지 말고 주님의 마음으로 얘기를 경청해 주기만 해도 됩니다. 그 후에 기도로 주님께 맡겨 드리면 되는 것입니다.

🌱 나눔의 시간

어려움 중에 받았던 가장 큰 위로는 무엇이었습니까? 그것이 왜 마음에 감동과 위로가 되었는지 나눠 봅시다.

🌱 결단의 시간

주위에 외롭고 힘들어 하는 사람이 있습니까? 성령님이 함께하시기를 기도하고 그 사람을 찾아가 위로할 기회를 만들어 봅시다.

🌱 함께하는 기도

하나님 아버지, 예수님의 따뜻한 마음을 가진 위로자가 되기를 원합니다. 주님의 마음으로 어려움 당한 자를 위로하고, 격려하기를 원합니다. 그들과 함께 즐거워하고 울 수 있는 마음을 허락해 주옵소서. 예수님의 이름으로 기도합니다. 아멘.

🌱 암송 말씀

즐거워하는 자들과 함께 즐거워하고 우는 자들과 함께 울라 _로마서 12:15

🌱 주기도문

8월 20일

성령충만_ 경건생활

하나님께 영광을 돌리라

신앙고백 | 사도신경
찬송 | 515, 516장
본문 말씀 | 고린도전서 6장 19-20절

> 너희 몸은 너희가 하나님께로부터 받은 바 너희 가운데 계신 성령의 전인 줄을 알지 못하느냐 너희는 너희 자신의 것이 아니라 값으로 산 것이 되었으니 그런즉 너희 몸으로 하나님께 영광을 돌리라

그리스도인의 삶의 목적은 하나님께 영광을 돌리는 것입니다. "내 이름으로 불려지는 모든 자 곧 내가 내 영광을 위하여 창조한 자를 오게 하라 그를 내가 지었고 그를 내가 만들었느니라" 사 43:7 그러므로 그리스도인의 삶에서 가장 중요한 가치는 하나님께 예배하는 것이어야 합니다.

릭 워렌 Rick Warren 목사는 그의 책 『목적이 이끄는 삶』에서 "많은 사람들은 자신을 위해 하나님을 이용하려고 한다. 하지만 그것은 자연의 순리를 거스르는 일이고 필연적으로 실패하게 되어 있다. 한 가지 분명한 사실은 우리가 하나님을 위해 만들어진 것이지 우리를 위해 하나님이 존재하시는 것이 아니라는 것이다. 다시 말해 삶이란 하나님이 당신의 목적에 따라 우리를 사용하시는 것이지 우리의 목적을 위해 그분을 사용하는 것이 아니다"라고 말합니다. 우리 삶의 목적은 우리 자신이 아니라 하나님이라는 것입니다.

하나님이 우리를 만드신 목적에 따라 움직여야 한다는 것입니다. 우리의 삶은 하나님을 위한 것이기 때문에 하나님께 영광 돌리며 살아야 한다는 것입니다. 예배는 하나님이 가장 기뻐하시는 일이고 우리를 가장 가치 있게 만드는 일입니다. 그러므로 우리 삶의 목적은 하나님께 예배하는 것이어야 합니다. 하나님에게 영광 돌리는 것에 삶의 목적을 집중해야 합니다.

나눔의 시간

지금까지 우리 삶의 목적은 자신을 위한 것이었습니까, 하나님을 위한 것이었습니까? 우리의 삶을 되돌아보고 회개의 마음을 나눠 봅시다.

결단의 시간

하나님의 목적을 위해 우리 가정이 헌신해야 하는 것은 어떤 부분입니까? 하나님의 뜻대로 예배하기 위해 우리의 마음과 시간과 물질을 드리기로 결단합시다.

함께하는 기도

하나님 아버지, 하나님의 목적대로 하나님께 영광 돌리는 믿음의 가정이 되기를 소망합니다. 우리의 모든 삶이 하나님께 드리는 예배에 집중하기를 원합니다. 온 마음과 정성을 다해 하나님께 영광 돌리는 삶을 살도록 인도해 주옵소서. 예수님의 이름으로 기도합니다. 아멘.

암송 말씀

값으로 산 것이 되었으니 그런즉 너희 몸으로 하나님께 영광을 돌리라 _고린도전서 6:20

주기도문

8월 21일

하나님의 음성을 듣는 삶

신앙고백 | 사도신경
찬송 | 199, 210장
본문 말씀 | 시편 119편 103-107절

> 주의 말씀의 맛이 내게 어찌 그리 단지요 내 입에 꿀보다 더 다니이다 주의 법도들로 말미암아 내가 명철하게 되었으므로 모든 거짓 행위를 미워하나이다 주의 말씀은 내 발에 등이요 내 길에 빛이니이다 주의 의로운 규례들을 지키기로 맹세하고 굳게 정하였나이다 나의 고난이 매우 심하오니 여호와(야훼)여 주의 말씀대로 나를 살아나게 하소서

　하나님은 주님의 음성을 듣고 순종하는 사람을 사용하시며, 그의 삶에 놀라운 축복과 기적을 허락하십니다. 그렇다면 어떻게 해야 주님의 음성을 들을 수 있을까요?

　첫째, 하나님의 음성을 들으려면 말씀을 가까이해야 합니다. 말씀 읽기를 생활화해야 합니다. 매일 세 장씩, 주일에는 다섯 장씩 '매3주5' 하면 1년에 성경 전체를 한 번 읽을 수 있습니다. 그리고 하루에 열 장씩만 읽으면 계절이 바뀔 때마다 성경을 한 번씩 통독할 수 있습니다.

　둘째, 주의 종이 전하는 설교 말씀을 통해 성령님의 음성을 들을 수 있습니다. 예배 때마다 듣는 설교 말씀 안에 주님의 음성이 있습니다. 똑같은 설교를 들어도 주님이 개인마다 주시는 말씀이 있습니다. 성경을 읽을 때처럼 마음에 감동과 깨달음을 주심으로 성령님이 말씀하시는 것입니다.

　셋째, 기도 중에 성령님의 음성을 들을 수 있습니다. 기도원에 들어가 간절히 부르짖어 기도할 때 주님은 말씀하시고 골방에서 혼자 무릎 꿇고 기도할 때도 세미한 음성으로 말씀하십니다.

성령님의 음성을 들으려면 시간을 정해 기도하면서 말씀을 읽고 깊이 묵상해야 합니다. 우리의 마음이 말씀으로 가득 차고 기도가 끊이지 않으면 성령님의 음성을 들을 수 있습니다.

나눔의 시간

삶에 힘이 되는 성경구절이 있습니까? 어떤 말씀인지 소개하고 왜 힘이 되는지 나눠 봅시다.

결단의 시간

하나님의 음성을 듣기 위해 우리에게 필요한 훈련은 무엇입니까? 어떤 노력이 있어야 합니까? 주님의 음성을 듣고 순종하기 위해 시간과 정성과 마음을 드리기로 결단합시다.

함께하는 기도

하나님 아버지, 주님의 음성을 듣기 원합니다. 말씀과 설교, 기도를 통해 주님과 교제하기 원합니다. 이 시간 은혜와 사랑을 더하여 주셔서 우리 삶과 가정이 하나님의 말씀으로 가득차고, 기도가 끊이지 않도록 인도해 주옵소서. 성령의 음성으로 인도하심을 받는 믿음의 가정이 되도록 복 내려 주옵소서. 예수님의 이름으로 기도합니다. 아멘.

암송 말씀

주의 말씀은 내 발에 등이요 내 길에 빛이니이다 _시편 119:105

주기도문

성령충만_ 경건생활

8월 22일

주님께 하듯 하라

신앙고백 | 사도신경
찬송 | 288, 304장
본문 말씀 | 에베소서 6장 5-7절

> 종들아 두려워하고 떨며 성실한 마음으로 육체의 상전에게 순종하기를 그리스도께 하듯 하라 눈가림만 하여 사람을 기쁘게 하는 자처럼 하지 말고 그리스도의 종들처럼 마음으로 하나님의 뜻을 행하고 기쁜 마음으로 섬기기를 주께 하듯 하고 사람들에게 하듯 하지 말라

　본문 말씀의 요지는 '주님께 하듯 하라'는 것입니다. 어디에서 무엇을 하든지 주님 앞인 것처럼 성실할 때 하나님이 인정해 주시고 높여 주십니다. 사람이 안 본다고 적당히 놀며 시간만 때우다가 누가 볼 때만 열심히 일하는 척한다면 하나님 앞에서 부끄러운 일입니다. 주님이 늘 우리와 함께하셔서 우리의 일거수일투족을 보고 계시므로 우리는 무슨 일을 하든 주께 하듯 해야 합니다. 그렇게 할 때 무엇을 하든 성공할 수 있습니다.

　미국의 억만장자 제프리 J. 폭스 Jeffrey J. Fox의 『HOW TO BECOME CEO』라는 책에는 "회사원이 그 회사에서 성공하려면 항상 출근 시간보다 45분 전에 도착하고, 15분 늦게 퇴근하라"는 말이 나옵니다. 먼저 나와 하루 일과를 준비하고, 뒤에 남아 그날 한 일을 정리하며 다음 일과를 계획하는 사람이 회사에서 성공한다는 것입니다. 누구든지 이렇게 성실하게 일하면 사회에서 인정받는데, 하나님의 자녀 된 우리가 매사에 주께 하듯 하며 살아간다면 성공하지 않을 수 없습니다.

그러므로 우리는 윗사람을 대할 때 경외하는 마음으로 그의 뜻에 순종하면서 눈가림이 아니라 기쁜 마음으로 섬겨야 합니다.

나눔의 시간

삶 속에서 성실함으로 보상을 받은 경험이 있습니까? 눈가림으로 낭패를 본 적은 없습니까? 그때의 상황과 마음을 나눠 봅시다.

결단의 시간

언제나 주님이 함께하시는 것처럼 살아갈 것을 결단합시다. 어떤 일이든지 주님을 위해 하듯 살아가기를 결단합시다.

함께하는 기도

하나님 아버지, '주님께 하듯' 살아가는 삶과 가정이 되기를 원합니다. 언제나 주님과 동행하며 주님을 위해 최선을 다하는 믿음의 가정이 되도록 인도해 주옵소서. 예수님의 이름으로 기도합니다. 아멘.

암송 말씀

> 종들아 두려워하고 떨며 성실한 마음으로 육체의 상전에게 순종하기를 그리스도께 하듯 하라 _에베소서 6:5

주기도문

성령충만_ 경건생활

8월 23일

교회 사랑

신앙고백 | 사도신경
찬송 | 410, 446장
본문 말씀 | 요한복음 15장 9-12절

> 아버지께서 나를 사랑하신 것 같이 나도 너희를 사랑하였으니 나의 사랑 안에 거하라 내가 아버지의 계명을 지켜 그의 사랑 안에 거하는 것 같이 너희도 내 계명을 지키면 내 사랑 안에 거하리라 내가 이것을 너희에게 이름은 내 기쁨이 너희 안에 있어 너희 기쁨을 충만하게 하려 함이라 내 계명은 곧 내가 너희를 사랑한 것 같이 너희도 서로 사랑하라 하는 이것이니라

 예수님의 몸 된 교회는 축복과 치유, 은혜의 통로가 돼야 합니다. 예수님의 몸 된 교회에서는 선포되는 말씀을 통해 기적이 일어나고, 귀신이 떠나가며 치유의 역사가 일어납니다. 주님은 무거운 죄악과 질병의 짐을 진 사람을 교회를 통해 변화시키고 치료하기를 원하십니다.
 예수님을 사랑하는 사람은 교회 또한 사랑합니다. 예수님이 교회를 얼마나 사랑하시는지 잘 알기 때문입니다. 예수님을 사랑하는 사람은 교회 안에서 문제를 일으키지 않습니다. 예수님의 마음을 아프게 하지 않기 위해서 다툴 일이 있어도 참고 이해하면서 화목하게 하는 직분을 감당합니다. 서로를 위하지 않고 교회에 대한 원망과 불평을 입에 달고 살면 예수님을 사랑한다고 말할 수 없습니다.
 예수님을 사랑하는 사람은 교회를 아름답게 가꿀 줄 압니다. 우리는 몸을 가꾸기 위해서 수고를 아끼지 않습니다. 몸에 좋다는 것을 꼬박꼬박 챙겨 먹고, 외모를 꾸미고 치장하는 데 돈을 아끼지 않습니다. 그런데 종종 성도가 머물다 간 자리가 세상 사람이 있던 곳보다도 못하게 어지럽혀졌거나 더러워져 있는 것을 봅니다. 또한 어떤 성도는 예배나 모임 자리에서 사소한 일에도 큰 소리를 내어 불편을 끼치는 경우도 있습니다. 우리는 자신의 몸을 돌보듯 예수님의 몸 된 교회를 가꾸고 돌봐야 합니다. 교회가 내적으로나 외적으로 아름답게 성장하고 성숙하도록 최선을 다해야 합니다.

나눔의 시간

현재 출석하는 교회 재직자들의 섬기는 모습과 예배, 성도의 교제를 통해 어떤 은혜를 받았는지 나눠 봅시다.

결단의 시간

그리스도의 몸 된 교회를 위해 무엇을 해야 합니까? 교회를 사랑하고, 아름답게 가꾸기 위해 필요한 일을 찾아 결단하고 실천합시다.

함께하는 기도

하나님 아버지, 주님의 몸 된 교회를 사랑합니다. 우리 교회를 통해 주님이 주시는 은혜와 복이 흘러가기를 소망합니다. 이를 위해 우리가 더욱 교회를 사랑하고, 아름답게 가꿀 수 있도록 인도해 주옵소서. 우리가 마땅히 섬겨야 할 것들을 찾아 섬길 수 있는 믿음을 허락해 주옵소서. 예수님의 이름으로 기도합니다. 아멘.

암송 말씀

내 계명은 곧 내가 너희를 사랑한 것 같이 너희도 서로 사랑하라 하는 이것이니라
_요한복음 15:12

주기도문

8월 24일

십일조의 의미

신앙고백 | 사도신경
찬송 | 301, 315장
본문 말씀 | 신명기 14장 22-23절

> 너는 마땅히 매 년 토지 소산의 십일조를 드릴 것이며 네 하나님 여호와야훼 앞 곧 여호와야훼께서 그의 이름을 두시려고 택하신 곳에서 네 곡식과 포도주와 기름의 십일조를 먹으며 또 네 소와 양의 처음 난 것을 먹고 네 하나님 여호와야훼 경외하기를 항상 배울 것이니라

　예수님을 믿는다는 것은 인생의 주인이 바뀌었다는 것을 의미합니다. 예수님을 믿기 전에는 우리 스스로가 인생의 주인이었지만, 예수님을 믿고 난 후부터는 예수님이 인생의 주인입니다. 그러므로 더 이상 우리 소유는 우리의 것이 아닙니다. 우리의 소유, 재능, 시간 모두가 우리의 주인이신 예수님의 것입니다. 우리는 모든 것을 잠시 맡은 '청지기'에 불과합니다.

　십일조 역시 마찬가지입니다. 십분의 1만 하나님의 것이고 나머지 9는 자신의 것이라고 생각하면 안 됩니다. 우리의 모든 것이 하나님의 것이라는 생각의 표현으로 십분의 1을 드리는 것이 십일조입니다.

　그러므로 참된 그리스도인이라면 '내가 가진 모든 것, 생명까지도 다 주님의 것입니다. 나는 잠시 보관하는 것뿐이니 주님이 내어놓으라고 하실 때 기꺼이 드리겠습니다' 라는 분명한 신앙이 있어야 합니다.

나눔의 시간

부모로부터 물려받은 재능이나 신앙, 정신적인 유산이 있습니까? 자녀에게 꼭 전해주고 싶은 유산은 무엇입니까? 함께 나눠 봅시다.

결단의 시간

주님이 은혜로 주신 것을 주님의 영광을 위해 사용하는 것이 그리스도인의 자세입니다. 주님을 위해 우리의 물질과 시간, 재능을 사용할 것을 결단하고 헌신합시다.

함께하는 기도

하나님 아버지, 온전한 십일조를 주님 앞에 드리기 원합니다. 우리의 모든 소유가 주님의 것임을 인정하는 믿음을 갖도록 인도해 주옵소서. 주님의 것을 주님의 영광을 위해 사용할 줄 아는 지혜와 명철을 소유한 믿음의 가정이 되도록 역사해 주옵소서. 예수님의 이름으로 기도합니다. 아멘.

암송 말씀

너는 마땅히 매 년 토지 소산의 십일조를 드릴 것이며 _신명기 14:22

주기도문

8월 25일

성령충만_경건생활

칭찬받는 사람

신앙고백 | 사도신경
찬송 | 407, 455장
본문 말씀 | 누가복음 6장 36-38절

> 너희 아버지의 자비로우심 같이 너희도 자비로운 자가 되라 비판하지 말라 그리하면 너희가 비판을 받지 않을 것이요 정죄하지 말라 그리하면 너희가 정죄를 받지 않을 것이요 용서하라 그리하면 너희가 용서를 받을 것이요 주라 그리하면 너희에게 줄 것이니 곧 후히 되어 누르고 흔들어 넘치도록 하여 너희에게 안겨 주리라 너희가 헤아리는 그 헤아림으로 너희도 헤아림을 도로 받을 것이니라

그리스도인은 어디서나 칭찬받는 사람이 되어야 합니다. 칭찬받는 사람은 하나님과 사람에게 인정받는 사람입니다. 하나님뿐만 아니라 모든 사람에게 호감을 주고 존경받는 사람을 말합니다.

우리의 인격은 예수님을 닮아 가야 합니다. 그런데 자기 개성대로만 살려 하고 자기 주장만을 내세우는 사람이 있습니다. 이런 사람은 회의할 때 자신의 의견이 받아들여지지 않으면 꼭 언성을 높여 다른 사람의 마음을 불편하게 만듭니다. 가만히 보면 별일 아닌 것을 갖고 분위기를 험악하게 만들고, 다른 사람의 실수를 그냥 넘어가는 법이 없이 진행을 막고서라도 자신이 하고 싶은 말을 다하고야 맙니다.

우리는 하나님과 사람 앞에서 칭찬받는 사람이 돼야 합니다. 가정뿐만 아니라 이웃에서도 칭찬을 받아 하나님께 영광 돌리는 역사가 나타나야 하는 것입니다. 가진 것이 아무리 많아도 늘 자기중심으로 살면 다른 사람에게 존경이나 인정은커녕 비난만 듣게 됩니다. 그러므로 우리는 주님의 사랑으로 무장하여 남을 위해 희생하고 섬길 줄 아는 사람이 돼야 합니다.

나눔의 시간

하나님이 주신 은사는 무엇이라고 생각합니까? 각자에게 주어진 은혜와 은사에 대해 생각해 보고 나눕시다. 그리고 서로를 격려하며 칭찬하는 시간을 가집시다.

결단의 시간

칭찬은 스스로 하는 것이 아니라 다른 사람이 해 주는 것입니다. 다른 사람을 이해하고 도울 때 칭찬받을 수 있습니다. 온유하고 겸손한 자세를 갖지 않으면 칭찬받지 못합니다. 이를 위해 우리에게 필요한 성품 훈련은 무엇인지 생각해 봅시다.

함께하는 기도

하나님 아버지, 주님의 사랑과 은혜를 우리의 인격이 닮기를 원합니다. 주님의 자비하심을 배우고 실천하기 원합니다. 온유하고 겸손한 자세로 다른 사람을 이해하고 돕기 원합니다. 칭찬받아 주님께 영광 돌리는 삶이 되도록 인도해 주옵소서. 예수님의 이름으로 기도합니다. 아멘.

암송 말씀

너희 아버지의 자비로우심 같이 너희도 자비로운 자가 되라 _누가복음 6:36

주기도문

8월 26일

성령충만_ 경건생활

소외된 사람의 편

신앙고백 | 사도신경
찬송 | 528, 539장
본문 말씀 | 사도행전 6장 1-5절

> 그 때에 제자가 더 많아졌는데 헬라파 유대인들이 자기의 과부들이 매일의 구제에 빠지므로 히브리파 사람을 원망하니 열두 사도가 모든 제자를 불러 이르되 우리가 하나님의 말씀을 제쳐 놓고 접대를 일삼는 것이 마땅하지 아니하니 형제들아 너희 가운데서 성령과 지혜가 충만하여 칭찬 받는 사람 일곱을 택하라 우리가 이 일을 그들에게 맡기고 우리는 오로지 기도하는 일과 말씀 사역에 힘쓰리라 하니 온 무리가 이 말을 기뻐하여 믿음과 성령이 충만한 사람 스데반과 또 빌립과 브로고로와 니가노르와 디몬과 바메나와 유대교에 입교했던 안디옥 사람 니골라를 택하여

처음 초대 교회에 발생했던 문제는 구제 사역을 하는 데 히브리파 유대인에 비해 헬라파 유대인이 소외되면서 발생했습니다. 사도의 대부분이 히브리파 유대인이었기 때문에 그 지역에서 오랫동안 살던 히브리파 유대인을 잘 도울 수 있었습니다. 반면 헬라파 유대인은 다른 나라에서 왔기 때문에 연고지도 없고 모든 것이 낯설어 교회의 구제를 받는 데 소외되는 일이 생긴 것입니다.

교회는 일곱 지도자를 세워 이를 해결하고자 합니다. 그렇게 선출된 일곱 지도자는 모두 헬라파 유대인이었습니다. 보통은 히브리파와 헬라파에서 비슷한 비율로 지도자를 선출했을 것입니다. 그런데 초대 교회는 그동안 소외됐던 헬라파 유대인 중에서 일곱 지도자를 모두 뽑았습니다. 모든 기득권을 헬라파 유대인에게 넘긴 것입니다. 더 이상 헬라파 유대인이 구제를 못 받아 상처받지 않도록 모든 구제의 권한을 주고 교회 살림을 맡긴 것입니다.

우리도 소외된 사람의 편에 서야 합니다. 그럴 때 주님 안에서 믿음이 자라고 다른 사람을 돌볼 수 있는 여유를 갖게 됩니다.

나눔의 시간

집안의 중요한 결정을 할 때 자녀의 의견이 반영되지 못하는 경우가 있습니까? 혹은, 공동체 내에서 소외되었거나 누군가를 소외시킨 적은 없습니까? 그때의 심정을 나눠 봅시다.

결단의 시간

가정이나 공동체 안에서 약자, 소외된 자는 없는지 생각해 봅시다. 그들에게 관심과 사랑을 표현하고, 배려할 것을 결단합시다.

함께하는 기도

하나님 아버지, 우리 안에 소외되고 상처 받는 사람이 있었음을 고백합니다. 우리 가정이 믿음 안에서 서로 사랑하고 배려하기 원합니다. 서로의 의견에 귀를 기울이고 서로의 입장을 이해하기 위해 노력할 것을 결단합니다. 우리 가정이 주님의 사랑과 은혜 안에서 믿음으로 하나 될 수 있도록 인도해 주옵소서. 예수님의 이름으로 기도합니다. 아멘.

암송 말씀

> 온 무리가 이 말을 기뻐하여 믿음과 성령이 충만한 사람 스데반과 또 빌립과 브로고로와 니가노르와 디몬과 바메나와 유대교에 입교했던 안디옥 사람 니골라를 택하여
> _사도행전 6:5

주기도문

8월 27일

성령충만_ 경건생활

충성

신앙고백 | 사도신경
찬송 | 314, 325장
본문 말씀 | 고린도전서 4장 1-2절

> 사람이 마땅히 우리를 그리스도의 일꾼이요 하나님의 비밀을 맡은 자로 여길지어다 그리고 맡은 자들에게 구할 것은 충성이니라

　우리가 있는 자리에서 신실한 제자의 삶을 산다면 하나님은 우리를 당신의 영광을 위해 사용해 주실 것입니다. 그러므로 우리는 있는 자리에서 온전히 주님의 뜻을 따라 살아야 합니다.

　선교사로 부름을 받은 사람은 선교지가 평생 목숨을 바쳐 헌신할 삶의 자리입니다. 17-18세기 선교사들은 선교지로 떠날 때 왕복티켓이 아니라 편도티켓만 사서 떠났습니다. 짐도 미리 만들어 놓은 자신의 관에 넣어서 보냈습니다. 선교지에서 죽을 각오로 떠나는 것입니다. 그들이 하나님이 허락하신 땅에서 충성된 삶을 살았기에 우리가 복음을 들을 수 있었던 것입니다.

　우리도 각자의 자리에서 충성된 성도로 살면서 그리스도의 향기를 퍼트려야 합니다. 하나님의 뜻을 이루기 위해 최선을 다해 살아야 합니다. 학생은 학교에서, 직장인은 회사에서, 각자의 사업장과 가정에서 그리스도의 신실한 제자로 살아야 합니다. 그렇게 각자의 자리에서 하나님이 허락하시는 놀라운 축복과 기적을 믿고 충성해야 합니다.

나눔의 시간

가정의 화목을 위해 우리가 할 수 있는 일은 무엇입니까? 자신이 속한 공동체를 위해 그리스도인으로서 해야 할 일은 무엇입니까? 자신에게 주어진 사명을 나눠 봅시다.

결단의 시간

하나님이 우리를 선교사로 부르신 곳이 어디입니까? 그곳에서 그리스도의 충성된 일꾼으로 살아가기 위해 필요한 것은 무엇입니까? 그리스도의 향기를 내는 성도가 되도록 결단하는 시간을 가집시다.

함께하는 기도

하나님 아버지, 주님이 우리에게 주신 부르심에 순종하기 원합니다. 우리의 마음과 정성을 다해 사명을 감당하기 원합니다. 오늘 우리 삶의 자리에서 그리스도의 향기를 발할 수 있도록 인도해 주옵소서. 예수님의 이름으로 기도합니다. 아멘.

암송 말씀

> 사람이 마땅히 우리를 그리스도의 일꾼이요 하나님의 비밀을 맡은 자로 여길지어다 그리고 맡은 자들에게 구할 것은 충성이니라 _고린도전서 4:1-2

주기도문

8월 28일

성령충만_ 경건생활

빛의 자녀답게

신앙고백 | 사도신경
찬송 | 323, 337장
본문 말씀 | 요한복음 8장 7-11절

> 그들이 묻기를 마지 아니하는지라 이에 일어나 이르시되 너희 중에 죄 없는 자가 먼저 돌로 치라 하시고 다시 몸을 굽혀 손가락으로 땅에 쓰시니 그들이 이 말씀을 듣고 양심에 가책을 느껴 어른으로 시작하여 젊은이까지 하나씩 하나씩 나가고 오직 예수와 그 가운데 섰는 여자만 남았더라 예수께서 일어나사 여자 외에 아무도 없는 것을 보시고 이르시되 여자여 너를 고발하던 그들이 어디 있느냐 너를 정죄한 자가 없느냐 대답하되 주여 없나이다 예수께서 이르시되 나도 너를 정죄하지 아니하노니 가서 다시는 죄를 범하지 말라 하시니라

하나님은 절대로 우리를 버리시지 않습니다. 하나님은 탕자처럼 하나님의 품을 떠나 죄인 된 우리를 예수님의 십자가를 통해 구원해 주셨습니다. 하나님이 우리를 사랑하셔서 되찾으시고 품어 주신 것입니다.

이러한 놀라운 은혜와 사랑을 안다면 더 이상 돌을 들고 남을 치는 삶을 살아서는 안 됩니다. 이제 우리는 손에 든 돌을 내려놓아야 합니다. 미움과 복수, 원한에 사무친 돌을 내려놓아야 합니다. 적개심과 비판, 원망과 불평의 돌을 내려놓고 서로 불쌍히 여기며 용서하고 사랑하고 살아야 합니다.

또한 "가서 다시는 죄를 범하지 말라" 요 5:14는 말씀대로 죄와 싸워 승리하는 삶을 살기로 결단해야 합니다. 밤낮 습관적으로 죄를 짓는 모습에서 벗어나야 합니다. 죄에서 돌아서고 정죄하는 자리에서 돌아서서 빛의 자녀답게 선과 의로움, 진실의 열매를 맺으며 살아야 합니다.

나눔의 시간

그리스도인이 되고 난 후에도 버리지 못한 미움과 원한이 있습니까? 함께 나눈 후 십자가의 보혈을 묵상하며 용서하는 시간을 가집시다.

결단의 시간

습관적으로 죄를 짓지는 않습니까? 반복적인 죄에서 벗어나기 위해 필요한 것은 무엇입니까? 그리스도인으로서 거룩하게 살기를 결단합시다.

함께하는 기도

하나님 아버지, 우리 손에 들고 있는 미움과 원한, 복수의 돌을 내려놓기 원합니다. 주님의 은혜를 기억하며 사랑과 용서의 마음을 갖도록 인도해 주옵소서. 죄와 사망에서 벗어나 빛의 자녀답게 살아갈 수 있도록 역사해 주옵소서. 예수님의 이름으로 기도합니다. 아멘.

암송 말씀

> 대답하되 주여 없나이다 예수께서 이르시되 나도 너를 정죄하지 아니하노니 가서 다시는 죄를 범하지 말라 하시니라 _요한복음 8:11

주기도문

8월 29일

어리석은 변론을 피하라

신앙고백 | 사도신경
찬송 | 370, 383장
본문 말씀 | 디도서 3장 8-9절

> 이 말이 미쁘도다 원하건대 너는 이 여러 것에 대하여 굳세게 말하라 이는 하나님을 믿는 자들로 하여금 조심하여 선한 일을 힘쓰게 하려 함이라 이것은 아름다우며 사람들에게 유익하니라 그러나 어리석은 변론과 족보 이야기와 분쟁과 율법에 대한 다툼은 피하라 이것은 무익한 것이요 헛된 것이니라

앤드루 카네기Andrew Carnegie는 "친구를 잃으려면 친구와의 논쟁에서 승리하라"고 말했습니다. 논쟁에서의 승리가 관계에서의 승리를 보장하지는 않는다는 말입니다. 이단에 빠져 복음을 대적하는 사람도 마찬가지입니다. 그들은 사탄에 사로잡혀 있기 때문에 논쟁으로는 변화시킬 수 없습니다. 더 큰 적대감만 불러일으킬 뿐입니다.

가정생활도 마찬가지입니다. 부부가 서로 의견이 다를 때는 기도하고 하나님의 뜻을 물어야 합니다. 자신의 말이 옳다고 말다툼하면 안 됩니다. 설령 어느 한쪽이 논쟁에서 이긴다 하더라도 상대방의 마음에는 상처가 남아 관계가 불편해지기 때문입니다.

교회 안에서 함께 신앙생활 하는 성도끼리 옳고 그름을 따지는 것만큼 어리석은 일도 없습니다. 하나님 안에서 한 가족인 우리는 먼저 양보하고 이해하려고 노력해야 합니다. 시비를 가리는 논쟁은 하면 할수록 성도 간의 관계를 깨어지게 만듭니다. 제자의 발을 씻긴 예수님처럼 사랑으로 서로의 허물을 감싸고 섬겨야 감동을 주고 변화를 가져올 수 있습니다.

나눔의 시간

친구와 사소한 말다툼으로 사이가 서먹해진 적이 있습니까? 가정에서는 그런 일이 없습니까? 당시의 마음을 나눠 봅시다.

결단의 시간

말이 아니라 삶이 사람을 변화시킵니다. 주변에 변화되기를 원하는 사람이 있다면 예수님처럼 그를 섬기고 사랑하고 감동을 주도록 애써야 합니다. 자신이 할 수 있는 최선의 섬김이 무엇인지 생각해 보고 헌신합시다.

함께하는 기도

하나님 아버지, 어리석은 말다툼에 승리하는 자가 아니라 복음으로 승리하는 자가 되기를 원합니다. 다른 사람을 섬기고 사랑하고 감동을 주며, 예수님의 사랑을 전파하는 삶이 되도록 인도해 주옵소서. 말이 아닌 섬김이 사람을 변화시킨다는 것을 깨달아 말보다 손과 발이 먼저 움직이는 믿음을 갖도록 역사해 주옵소서. 예수님의 이름으로 기도합니다. 아멘.

암송 말씀

> 그러나 어리석은 변론과 족보 이야기와 분쟁과 율법에 대한 다툼은 피하라 이것은 무익한 것이요 헛된 것이니라 _디도서 3:9

주기도문

8월 30일

지혜롭게 행하라

신앙고백 | 사도신경
찬송 | 390, 393장
본문 말씀 | 고린도전서 8장 9-12절

> 그런즉 너희의 자유가 믿음이 약한 자들에게 걸려 넘어지게 하는 것이 되지 않도록 조심하라 지식 있는 네가 우상의 집에 앉아 먹는 것을 누구든지 보면 그 믿음이 약한 자들의 양심이 담력을 얻어 우상의 제물을 먹게 되지 않겠느냐 그러면 네 지식으로 그 믿음이 약한 자가 멸망하나니 그는 그리스도께서 위하여 죽으신 형제라 이같이 너희가 형제에게 죄를 지어 그 약한 양심을 상하게 하는 것이 곧 그리스도에게 죄를 짓는 것이니라

<u>그리스도인은 하나님의 뜻을</u> 행하거나 선을 행한다 할지라도 다른 사람이 자신을 오해하지 않도록 주의를 기울여야 합니다. 잘못한 것이 없기 때문에 다른 사람이 어떻게 생각하든 상관없다는 식의 태도는 그리스도인답지 않습니다. 우리가 아무리 정의롭고 선한 일을 한다 해도 그 정의와 선이 다른 사람을 오해하게 만들고 실족하게 한다면, 그것은 더 이상 선이라고 할 수 없습니다.

예수님도 다른 사람에게 불필요한 오해를 사지 않도록 지혜롭게 행동하셨습니다. 가버나움에서 반 세겔을 내라는 요구를 받으셨을 때, 예수님은 성전의 주인이시기 때문에 성전세 반 세겔을 내실 이유가 전혀 없었습니다. 그러나 예수님은 그것을 걷는 사람이 실족하지 않도록 반 세겔을 내셨습니다

마 14:24-27

그리스도인의 윤리는 자기중심적이면 안 됩니다. 선한 일이라고 하더라도 다른 사람을 배려하여 오해를 사지 않도록 하는 것이 그리스도인의 도리입니다.

나눔의 시간

자신의 의도와 상관없이 다른 사람에게 오해받은 적이 있습니까? 무슨 일이었고, 왜 오해를 받게 되었는지 나눠 봅시다.

결단의 시간

배려와 존중은 역지사지의 정신에서 나옵니다. 다른 사람의 입장에서 생각하고 배려할 때 행복한 가정, 교회, 직장이 되는 것입니다. 우리의 삶 가운데 역지사지의 마음으로 섬겨야 할 대상은 누구입니까? 그에게 어떤 배려가 필요한지 생각해 보고 실천하도록 결단합시다.

함께하는 기도

하나님 아버지, 자기중심적인 신앙과 삶에서 벗어나고 싶습니다. 다른 사람을 배려하고 존중하며 더불어 행복한 가정, 교회, 직장을 만들기를 소망합니다. 이를 위해 우리에게 필요한 지혜를 허락해 주옵소서. 예수님의 이름으로 기도합니다. 아멘.

암송 말씀

그런즉 너희의 자유가 믿음이 약한 자들에게 걸려 넘어지게 하는 것이 되지 않도록 조심하라 _고린도전서 8:9

주기도문

성령충만_ 경건생활

8월 31일

겸손하라

신앙고백 | 사도신경
찬송 | 407, 410장
본문 말씀 | 야고보서 4장 6-7절

> 그러나 더욱 큰 은혜를 주시나니 그러므로 일렀으되 하나님이 교만한 자를 물리치시고 겸손한 자에게 은혜를 주신다 하였느니라 그런즉 너희는 하나님께 복종할지어다 마귀를 대적하라 그리하면 너희를 피하리라

하나님은 겸손한 사람을 기뻐하시고 그와 함께하시며 은혜를 베푸십니다. 그런데 어떤 그리스도인은 성공하여 많은 부를 얻은 것이 스스로가 잘나서 그렇게 됐다고 생각합니다. 고린도전서 10장 12절은 "그런즉 선 줄로 생각하는 자는 넘어질까 조심하라"고 말씀하고 있습니다. 그리스도인은 세상에서 성공하고 잘될수록 더욱 겸손한 마음으로 하나님의 은혜를 고백하며, 오직 하나님께만 영광을 돌려야 합니다. 우리 마음속에 교만이 자리 잡는 것보다 무서운 일은 없습니다. 하나님은 교만한 사람을 대적하시기 때문입니다.

그러므로 우리는 교만해지려는 생각을 대적해야 합니다. 예수 그리스도의 이름으로 교만한 생각이 마음속에서 떠나가도록 명령해야 합니다. 그리고 주님의 은혜로 자신을 낮추고 깨뜨려야 합니다. 사도 바울의 고백처럼 날마다 십자가에 모든 교만을 못 박아야 합니다. 하나님을 모르고 교만하게 살던 옛사람을 날마다 죽여야 합니다. 이제는 우리가 사는 것이 아니라 십자가에서 우리를 위해 자기 몸을 버리신 겸손의 왕인 예수님이 우리 속에 사시기 때문입니다.

나눔의 시간

자신을 볼 때 가장 잘난 부분은 어디입니까? 또 못났다고 생각하는 곳은 어디입니까? 자신의 잘난 면과 못난 면을 이야기할 때 주변 반응이 어떤지 나눠 봅시다.

결단의 시간

'잘되면 주님 뜻, 안되면 내 탓'을 하는 것이 겸손입니다. 우리 마음속에 이와 반대로 생각하는 교만이 있다면 회개합시다. 예수 그리스도의 이름으로 마음에서 모든 교만이 떠나가도록 명령합시다.

함께하는 기도

하나님 아버지, 모든 것이 주님의 은혜임을 고백하는 겸손을 갖기 원합니다. 교만을 대적하고 오직 주님께만 영광 돌리는 신앙을 갖도록 인도해 주옵소서. 겸손한 자에게 주시는 하나님의 은혜를 체험하는 삶과 가정이 되기를 소망합니다. 예수님의 이름으로 기도합니다. 아멘.

암송 말씀

그러나 더욱 큰 은혜를 주시나니 그러므로 일렀으되 하나님이 교만한 자를 물리치시고 겸손한 자에게 은혜를 주신다 하였느니라 _야고보서 4:6

주기도문

그리스도인의 축복
September

9월

September

그리스도인의 축복

9월 1일

천국

신앙고백 | 사도신경
찬송 | 482, 488장
본문 말씀 | 누가복음 17장 20-21절

> 바리새인들이 하나님의 나라가 어느 때에 임하나이까 묻거늘 예수께서 대답하여 이르시되 하나님의 나라는 볼 수 있게 임하는 것이 아니요 또 여기 있다 저기 있다고도 못하리니 하나님의 나라는 너희 안에 있느니라

우리가 회개하고 예수님을 구주로 영접하면, 성령님은 우리의 영혼 속에 천국을 건설해 주십니다. 천국이 우리에게 오면 신령한 세계에 눈을 뜨게 됩니다. 우리의 영은 예수님을 구주로 믿기 전에는 허물과 죄로 죽어 있었습니다. 속사람이 죽었기 때문에 하나님과의 교제도 끊어진 채 육신의 욕망을 따라 세상의 습관대로 살았습니다.

그러나 예수님이 성령으로 말미암아 빛으로 오셨습니다. 예수님의 발 앞에 엎드려 회개할 때 그 보혈의 공로로 하나님의 백성이 될 수 있으며, 성령님을 통해 영적인 신령한 세계도 알게 됩니다. 성령님은 물질 세계에 사는 우리를 영적 세계에 속하게 하시며 천국에 대한 깨달음을 주십니다. 하나님을 알게 하시고, 하나님과 교제하게 하십니다.

또한 성령님은 육신의 장막이 무너질 때 육체의 옷을 벗고 하나님의 나라에 들어간다는 사실을 알게 하십니다. 주님께서 재림하실 때 죽은 자나 살아있는 자가 부활하리란 사실과 추한 몸이 영광스러운 몸으로, 죽을 몸이 영생

할 몸으로, 약한 몸이 강한 몸으로 변화되어 영원한 천국에 주님과 함께 들어가리란 것을 깨닫게 하십니다. 우리의 영원한 소망이 여기에 있는 것입니다.

나눔의 시간

예수님을 영접하고 나서 어떤 변화가 있었습니까? 그 변화가 삶에 어떤 영향력을 행사하고 있는지 나눠 봅시다.

결단의 시간

예수님을 영접하고 천국을 맛본 사람은 영원한 천국을 사모해야 합니다. 또한 영원한 천국을 사모하는 사람은 영적인 삶을 살아야 합니다. 이를 위해 무엇이 필요한지 생각해 보고 결단합시다.

함께하는 기도

하나님 아버지, 우리의 눈을 열어 주셔서 천국의 역사를 깨닫게 하시니 감사합니다. 늘 성령님을 의지하여 천국의 삶을 살도록 도와주옵소서. 예수님의 이름으로 기도합니다. 아멘.

암송 말씀

또 여기 있다 저기 있다고도 못하리니 하나님의 나라는 너희 안에 있느니라
_누가복음 17:21

주기도문

그리스도인의 축복

9월 2일
하나님의 자녀답게

신앙고백 | 사도신경
찬송 | 359, 360장
본문 말씀 | 시편 2편 7-10절

> 내가 여호와의 명령을 전하노라 여호와께서 내게 이르시되 너는 내 아들이라 오늘 내가 너를 낳았도다 내게 구하라 내가 이방 나라를 네 유업으로 주리니 네 소유가 땅 끝까지 이르리로다 네가 철장으로 그들을 깨뜨림이여 질그릇 같이 부수리라 하시도다 그런즉 군왕들아 너희는 지혜를 얻으며 세상의 재판관들아 너희는 교훈을 받을지어다.

예수님을 믿고 하나님의 자녀가 되면 예비하신 놀라운 은혜 가운데 풍성한 축복의 삶을 살아야 합니다.

조선시대에 왕자가 태어나면 말하는 것, 걷는 것 등 모든 언행을 왕실의 예법에 따라 교육시켰습니다. 앞으로 왕이 될 사람이기에 신분과 품위에 맞게 교육한 것입니다. 그래서 왕자는 말투와 걸음걸이와 행동이 달랐습니다. 마찬가지로 우리 역시 만왕의 왕이신 하나님의 자녀로 태어났기 때문에 하나님의 자녀답게 말하고 행동해야 합니다.

무엇보다 우리의 생각과 자화상이 바뀌어야 합니다. 사탄의 노예가 되어 밤낮 빼앗기고 시달리고 짓밟혔던 과거를 더는 기억하지 말아야 합니다. 과거는 이미 지나갔습니다. '나는 변화되고 축복받은 하나님의 자녀다. 나는 하나님의 자녀로서 풍성한 은혜의 삶을 살아갈 자격이 있다. 하나님이 나와 함께하시니 내 삶에 부족함이 없다. 하나님이 영광 가운데 그 풍성한 대로 나의 모든 쓸 것을 채우신다' 는 분명하고도 긍정적인 자화상을 갖고, 입으로 선포하며 당당하게 살아가야 합니다.

나눔의 시간

평소 자신에 대해 어떻게 생각하고 있습니까? 자신이 생각하는 장점과 단점에 대해 나눠 봅시다.

결단의 시간

하나님의 자녀답게 살아가기 위해 훈련돼야 할 것은 무엇인지 생각해 봅시다.

함께하는 기도

하나님 아버지, 하나님의 자녀답게 살아가기 원합니다. 죄와 사망의 노예였던 과거에서 벗어나 하나님의 자녀로서 은혜의 삶을 살아가기 원합니다. 이를 위해 준비되고 훈련되도록 인도해 주옵소서. 예수님의 이름으로 기도합니다. 아멘.

암송 말씀

> 내가 여호와의 명령을 전하노라 여호와께서 내게 이르시되 너는 내 아들이라 오늘 내가 너를 낳았도다 _시편 2:7

주기도문

9월 3일

환난이 변하여

신앙고백 | 사도신경
찬송 | 214, 254장
본문 말씀 | 사도행전 4장 18-21절

> 그들을 불러 경고하여 도무지 예수의 이름으로 말하지도 말고 가르치지도 말라 하니 베드로와 요한이 대답하여 이르되 하나님 앞에서 너희의 말을 듣는 것이 하나님의 말씀을 듣는 것보다 옳은가 판단하라 우리는 보고 들은 것을 말하지 아니할 수 없다 하니 관리들이 백성들 때문에 그들을 어떻게 처벌할지 방법을 찾지 못하고 다시 위협하여 놓아 주었으니 이는 모든 사람이 그 된 일을 보고 하나님께 영광을 돌림이라

베드로와 요한은 예수 그리스도의 이름으로 기적을 행하고 복음을 전하다가 환난을 당했지만 하나님께 영광이 되었습니다. 사도행전 21절을 보면 "모든 사람이 그 된 일을 보고 하나님께 영광을 돌림이라"고 말씀합니다. 환난이 변하여 축복이 된 것입니다.

『빙점』의 작가 미우라 아야코는 평생 결핵성 척추염, 대상포진, 직장암, 파킨슨병 등 여러 난치병으로 인해 13년 동안 병원에 누워 있어야 했습니다. 그런데 병원에 누워 있던 절망의 시기 가운데 예수님을 만나 세상을 보는 눈이 달라졌습니다. 전에는 병든 자신을 한탄하고 세상을 비판했지만 예수님을 믿고 마음에 희망이 생기자 꿈이 생겼습니다. 자신과 같이 고통 가운데 있는 사람에게 예수님의 사랑을 전하기 위해 글을 썼습니다. 그녀가 병상에서 쓴 글은 모 신문사의 신춘문예 공모전에 당선되어 널리 알려지게 되었고, 그 후 그녀가 쓴 소설마다 모두 베스트셀러가 되었습니다.

비록 배우지 못했고 가진 것 없이 고아처럼 내동댕이쳐진 삶을 살고 있다 해도, 예수님만 마음에 계시면 다 가진 것입니다. 예수님이 계시면 더 이상 문제는 문제가 아닙니다. 예수님이 나와 함께하신다면 삶의 모든 것이 은혜, 기쁨, 기적, 축복인 것입니다.

나눔의 시간

고진감래 고생 끝에 낙이 온다 의 경험이 있습니까? 어떤 시련과 역경이었고, 어떻게 극복했는지 나눠 봅시다.

결단의 시간

지금 당하고 있는 고난에 대한 우리의 태도를 점검해 봅시다. 믿음으로 환난이 변하여 복이 될 것을 선언합시다.

함께하는 기도

하나님 아버지, 시련과 역경에 대한 우리의 태도가 변화되기 원합니다. 더 이상 스트레스 받거나 근심하지 않기 원합니다. 주님을 찾고 신뢰함으로 주님이 이루실 일을 기대하고, 감사하는 신앙을 갖도록 인도해 주옵소서. 예수님의 이름으로 기도합니다. 아멘.

암송 말씀

이는 모든 사람이 그 된 일을 보고 하나님께 영광을 돌림이라 _사도행전 4:21

주기도문

그리스도인의 축복

9월 4일

하나님의 은혜

신앙고백 | 사도신경
찬송 | 183, 197장
본문 말씀 | 고린도전서 15장 9-10절

> 나는 사도 중에 가장 작은 자라 나는 하나님의 교회를 박해하였으므로 사도라 칭함 받기를 감당하지 못할 자니라 그러나 내가 나 된 것은 하나님의 은혜로 된 것이니 내게 주신 그의 은혜가 헛되지 아니하여 내가 모든 사도보다 더 많이 수고하였으나 내가 한 것이 아니요 오직 나와 함께 하신 하나님의 은혜로라

하나님의 은혜가 있었기 때문에 우리는 구원을 받아 하나님의 자녀가 되었습니다. 사도 바울은 교회를 박해했던 과거로 인해 사도가 될 수 없었던 자신이 하나님의 사도가 된 것은 모두 하나님의 은혜라고 말합니다. 이처럼 우리가 하나님의 자녀로 거듭나 하나님의 영광과 교회를 위해 쓰임 받게 된 것은 하나님의 은혜입니다.

그런데 우리는 주님의 일을 하다가 열매가 나타나면 자신의 공로라고 생각합니다. '내가 노력한 덕분이지. 나 때문에 부흥했어. 나 때문에 잘된 거야' 라는 마음으로 교만해집니다. 그 결과 다른 사람을 함부로 판단하고 정죄하게 됩니다. 나아가 문제를 만들기도 합니다. 이런 결과를 피하려면 항상 하나님의 은혜를 잊지 말아야 합니다.

구역이 부흥하고, 사람들에게 칭찬받을 만한 일이 생기고, 일이 뜻대로 잘 될 때는 "모두가 하나님의 은혜입니다"라고 고백해야 합니다. 모든 영광은 우리에게 은혜를 베푸신 하나님이 홀로 받으셔야 합니다. 항상 하나님의 은혜를 기억하며 그 은혜를 베푸신 하나님께 영광 돌리는 삶을 살아야 합니다.

나눔의 시간

부모 덕분에 누리는 혜택에 대해 생각해 본 적 있습니까? 부모의 은혜에 대해 생각해 보고 감사하는 시간을 가져 봅시다.

결단의 시간

주님의 은혜를 기억하고 감사하는 사람은 겸손합니다. 교만은 하나님의 은혜와 상관없는 사람의 태도입니다. 우리 삶에서 제거해야 할 교만은 무엇입니까? 겸손한 자세를 갖기 위해 필요한 것은 무엇인지 생각해 보고 결단하는 시간을 가집시다.

함께하는 기도

하나님 아버지, 주님이 베풀어 주신 은혜에 감사하며 겸손한 자가 되기를 원합니다. 또한 가정에서도 부모의 은혜를 생각하며 겸손한 마음과 감사하는 자세를 갖기 원합니다. 이 시간 우리 마음에 자리 잡고 있는 모든 교만을 꺾어 주시고, 오직 은혜에 감사하며 겸손한 마음을 가질 수 있도록 인도해 주옵소서. 예수님의 이름으로 기도합니다. 아멘.

암송 말씀

그러나 내가 나 된 것은 하나님의 은혜로 된 것이니 내게 주신 그의 은혜가 헛되지 아니하여 내가 모든 사도보다 더 많이 수고하였으나 내가 한 것이 아니요 오직 나와 함께 하신 하나님의 은혜로라 _고린도전서 15:10

주기도문

9월 5일

위의 것을 생각하고

신앙고백 | 사도신경
찬송 | 521, 528장
본문 말씀 | 사도행전 7장 54-56절

> 그들이 이 말을 듣고 마음에 찔려 그를 향하여 이를 갈거늘 스데반이 성령 충만하여 하늘을 우러러 주목하여 하나님의 영광과 및 예수께서 하나님 우편에 서신 것을 보고 말하되 보라 하늘이 열리고 인자가 하나님 우편에 서신 것을 보노라 한대

성경은 '위의 것', 즉 하늘나라와 하나님의 영광을 생각하고, '땅의 것', 즉 썩어 없어질 것을 생각하지 말라고 말씀합니다 골 3:1-4.

사람이 죽으면 한줌의 재로 변하고 맙니다. 그러나 우리에게는 영생이 예비되어 있습니다. 예수님을 믿을 때 이미 영생이 우리 안에 들어왔습니다. 우리는 이 땅에 살면서 힘써 주의 일을 하다가 주님이 부르시면 천국에 가야 합니다. 그러므로 천국의 영원한 것에 소망을 두고 살아야 합니다.

스데반은 죽기 직전 하나님의 영광과 예수님이 하나님 우편에 서신 것을 보았습니다. 우리가 사도신경을 통해 고백하는 것처럼 "전능하신 하나님 우편에 앉아 계시다가"가 아니라 "서 계셨다"고 말합니다. 벵겔 J. A. Bengel은 이 말씀을 '죽는 순간 천국에 들어올 스데반을 환영하기 위하여 주님이 일어나셨다'고 설명합니다. 예수님이 감동을 받으셔서 벌떡 일어나 계셨던 것입니다. 주님이 너무나 감동하시고 감격하셨기에 친히 일어서서 첫 순교자인 스데반을 영광 가운데 맞아 주신 것입니다.

우리는 위의 것을 생각해야 합니다. 즉 하나님의 영광을 위해 살아가야 합니다. 천국의 영원한 것을 소망하던 그리스도인이 하나님 앞에 섰을 때, 예수님은 앉은 자리에서 벌떡 일어나 우리를 맞아주실 것입니다.

나눔의 시간
우리가 현재 가장 마음을 쓰고 있는 땅의 것, 썩어질 것은 무엇인지 나눠봅시다.

결단의 시간
위의 것, 즉 주님의 나라와 하나님의 영광을 소망하는 삶을 살고 있습니까? 주님을 감동하게 하는 사람이 되기 위해 필요한 것은 무엇인지 생각해봅시다.

함께하는 기도
하나님 아버지, 우리의 관심을 땅의 것에 두지 않고 위의 것에 두기를 원합니다. 주의 나라와 하나님의 영광을 위해 우리의 삶을 헌신할 수 있도록 인도해 주옵소서. 주님을 감동시키는 삶과 가정 될 수 있도록 역사해 주옵소서. 예수님의 이름으로 기도합니다. 아멘.

암송 말씀
말하되 보라 하늘이 열리고 인자가 하나님 우편에 서신 것을 보노라 한 대
_사도행전 7:56

주기도문

9월 6일

속량

신앙고백 | 사도신경
찬송 | 269, 272장
본문 말씀 | 갈라디아서 3장 11-13절

> 또 하나님 앞에서 아무도 율법으로 말미암아 의롭게 되지 못할 것이 분명하니 이는 의인은 믿음으로 살리라 하였음이라 율법은 믿음에서 난 것이 아니니 율법을 행하는 자는 그 가운데서 살리라 하였느니라 그리스도께서 우리를 위하여 저주를 받은 바 되사 율법의 저주에서 우리를 속량하셨으니 기록된 바 나무에 달린 자마다 저주 아래에 있는 자라 하였음이라

　믿음으로 구원받은 우리는 또한 믿음으로 저주에서 해방되었습니다. 예수님이 우리의 죄를 십자가에서 속량해 주셨기 때문입니다.

　신명기 21장 23절을 보면, "나무에 달린 자는 하나님께 저주를 받았음이니라"고 말씀하고 있습니다. 극악무도한 죄를 저지른 사람은 죽임을 당한 후에도 하루 동안 나무에 달려 사람들에게 온갖 수치와 저주를 받아야 했습니다. 이는 어떤 것보다 무겁고 수치스러운 죽음의 형벌이었습니다. 그런데 예수님이 온 인류의 저주를 짊어지고 십자가에 달려 죽으셨습니다. 예수님은 우리가 달려 죽어야 할 끔찍한 고통과 저주의 십자가에 대신 못 박히셨습니다.

　예수님이 십자가에서 우리의 죄의 대가를 모두 지불해 주셨습니다. 그러므로 우리는 영혼이 잘됨 같이 범사에 저주와 육신의 질병과 사망이 사라지고 건강의 축복을 받게 되었습니다. 우리는 더 이상 저주 아래 있지 않고 예수님 안에서 하나님의 축복 속에 거하는 사람이 되었습니다.

나눔의 시간

우리가 저지른 일을 누군가 대신 수습해 준 경험이 있나요? 그때의 미안하고, 고마운 마음을 나눠 봅시다.

결단의 시간

예수님의 속량하신 은혜를 체험한 그리스도인은 다른 사람을 위해 헌신해야 합니다. 오늘 우리가 헌신해야 하는 대상과 내용을 생각해 보고 결단하는 시간을 가집시다.

함께하는 기도

하나님 아버지, 우리의 모든 죄를 속량해 주셔서 감사합니다. 우리를 죄와 사망에서 건져 주셔서 감사합니다. 이런 주님의 은혜를 기억하며, 다른 사람을 위해 헌신하는 가정이 되기를 원합니다. 서로 사랑하며 섬기는 믿음의 가정 될 수 있도록 인도해 주옵소서. 예수님의 이름으로 기도합니다. 아멘.

암송 말씀

> 그리스도께서 우리를 위하여 저주를 받은 바 되사 율법의 저주에서 우리를 속량하셨으니 기록된 바 나무에 달린 자마다 저주 아래에 있는 자라 하였음이라 _갈라디아서 3:13

주기도문

그리스도인의 축복

9월 7일
축복의 통로

신앙고백 | 사도신경
찬송 | 446, 449장
본문 말씀 | 갈라디아서 3장 14-15절

> 이는 그리스도 예수 안에서 아브라함의 복이 이방인에게 미치게 하고 또 우리로 하여금 믿음으로 말미암아 성령의 약속을 받게 하려 함이라 형제들아 내가 사람의 예대로 말하노니 사람의 언약이라도 정한 후에는 아무도 폐하거나 더하거나 하지 못하느니라

예수님을 믿으면 아브라함의 복이 우리의 영혼과 육신, 환경에 임합니다. 아브라함의 복을 받아 성령충만하게 되면 우리는 세상에서 축복의 통로가 됩니다.

예수 그리스도를 믿는 사람은 성령충만을 받아 세상 속에서 성공하는 삶을 살아야 합니다. 늘 성령으로 충만해서 주님의 음성을 들으며 주님의 인도하심을 받아야 합니다. 성령충만함을 받으면 영혼과 범사가 잘되며 성공하게 됩니다. 직장에서도 인정받고, 사업이 불 일듯 일어나고, 가정도 복을 받습니다.

우리가 아브라함의 복을 받은 사람답게 살면 사회가 변화되고 새롭게 되는 역사가 나타납니다. 정말 변화 받은 사람이 된다면 우리가 가는 곳마다 절망과 슬픔과 미움이 떠나가고 사랑과 용서와 화해가 이뤄지는 하나 됨의 역사가 나타날 것입니다. 하나님은 이런 우리를 통해 세상을 아름답게 변화시키는 놀라운 역사를 만들어 가십니다.

그러므로 예수 믿는 사람은 가는 곳마다 아름답게 변화시키는 사람이 돼야 합니다. 그리스도인은 서로 이해하고 용서하고 사랑하고 베풀고, 나누고 구제하고 섬기며 살아야 합니다.

나눔의 시간

삶에 큰 영향을 끼친 스승, 멘토가 있습니까? 그분과의 만남으로 어떤 변화가 일어났는지 나눠 봅시다.

결단의 시간

그리스도인은 축복의 통로가 돼야 합니다. 우리 안에 있는 성령충만한 은혜를 주위에 전하는 자가 돼야 합니다. 이를 위해 오늘 우리에게 필요한 것은 무엇인지 생각해 봅시다.

함께하는 기도

하나님 아버지, 성령충만한 은혜와 능력을 전하는 축복의 통로가 되기를 원합니다. 우리의 믿음으로 말미암아 가정과 일터와 교회가 복을 받는 역사가 일어나기 원합니다. 성령이 흘러가는 복의 통로가 되도록 우리의 삶과 가정을 붙잡아 주시고, 거룩하게 인도해 주옵소서. 예수님의 이름으로 기도합니다. 아멘.

암송 말씀

이는 그리스도 예수 안에서 아브라함의 복이 이방인에게 미치게 하고 또 우리로 하여금 믿음으로 말미암아 성령의 약속을 받게 하려 함이라 _갈라디아서 3:14

주기도문

9월 8일

인내와 연단과 소망

신앙고백 | 사도신경
찬송 | 488, 491장
본문 말씀 | 로마서 5장 3-5절

> 다만 이뿐 아니라 우리가 환난 중에도 즐거워하나니 이는 환난은 인내를, 인내는 연단을, 연단은 소망을 이루는 줄 앎이로다 소망이 우리를 부끄럽게 하지 아니함은 우리에게 주신 성령으로 말미암아 하나님의 사랑이 우리 마음에 부은 바 됨이니

　우리는 어려운 문제를 만날 때 '인내'를 배우곤 합니다. 일평생 예수님을 믿고, 예수님 닮은 삶을 살아야 하는데 어려운 상황을 참지 못해 문제가 생기는 일도 많습니다. 그렇기 때문에 인내를 배우는 것이 중요합니다. 사소한 일에 마음이 상하고 주님이 주신 기쁨과 감사와 평안을 잃어버리면 안 됩니다. 예수님 안에서 감정을 다스리고 잘 참아야 합니다. 예수님이 우리 같은 죄인을 구원하시려 십자가를 지셨다는 사실을 믿는 사람은 참고 견딜 수 있습니다.

　참을 줄 아는 사람은 '연단'을 이루게 됩니다. 연단이란 '훈련'을 말합니다. 훈련 없이 강해지는 군대는 있을 수 없습니다. 따라서 하나님의 자녀가 인내하면서 연단받는 것은 신앙생활의 자연스러운 과정입니다. 환난 가운데 인내를 이루고 인내를 이룸으로써 연단을 받으십시오. 그럴 때 우리는 잘 훈련받은 주님의 군사가 되고 주님으로부터 쓰임 받을 준비를 갖추게 되는 것입니다.

　이 단계까지 오면 삶 가운데 '소망', 즉 놀라운 축복과 기적을 기대할 수 있습니다. 제대로 연단받지 못한 사람은 바라볼 소망이 없습니다. 축복의 소망은 잘 훈련된 자에게 주어집니다. 절대로 어려움이 다가온다고 낙심하지 말고, 말씀과 십자가를 중심으로 더 큰 하나님의 은혜와 축복을 구해야 합니다.

나눔의 시간

삶에서 인내하고 연단함으로 좋은 결과를 가져온 일이 있습니까? 인내와 연단은 어떤 과정이었는지 나눠 봅시다.

결단의 시간

그리스도인은 어떤 상황에서도 주님을 바라보고 기대하는 소망의 사람입니다. 지금 주어진 상황 속에서 우리가 붙잡고 소망해야 하는 하나님 말씀을 찾아봅시다. 그 말씀을 읽고 묵상하고 암송합시다.

함께하는 기도

하나님 아버지, 지금 겪고 있는 아픔과 어려움을 잘 인내하기 원합니다. 믿음을 성장시키는 연단의 과정으로 삼기 원합니다. 주님을 소망하고, 주님이 주시는 은혜로 말미암아 복과 은혜를 체험하는 삶이 될 수 있도록 인도해 주옵소서. 인내와 연단을 통해 소망을 성취하는 믿음의 가정 되도록 역사해 주옵소서. 예수님의 이름으로 기도합니다. 아멘.

암송 말씀

> 다만 이뿐 아니라 우리가 환난 중에도 즐거워하나니 이는 환난은 인내를, 인내는 연단을, 연단은 소망을 이루는 줄 앎이로다 _로마서 5:3-4

주기도문

9월 9일

고난은 위장된 축복이다

신앙고백 | 사도신경
찬송 | 492, 528장
본문 말씀 | 고린도후서 1장 4-6절

> 우리의 모든 환난 중에서 우리를 위로하사 우리로 하여금 하나님께 받는 위로로써 모든 환난 중에 있는 자들을 능히 위로하게 하시는 이시로다 그리스도의 고난이 우리에게 넘친 것 같이 우리가 받는 위로도 그리스도로 말미암아 넘치는도다 우리가 환난 당하는 것도 너희가 위로와 구원을 받게 하려는 것이요 우리가 위로를 받는 것도 너희가 위로를 받게 하려는 것이니 이 위로가 너희 속에 역사하여 우리가 받는 것 같은 고난을 너희도 견디게 하느니라

예수 믿는 사람에게 다가오는 고난은 하나님이 주시는 축복의 전주곡입니다. 하나님이 놀라운 일을 예비하셨음을 나타내 주는 표시인 것입니다. 그래서 '고난은 위장된 축복'이라고 말합니다. 고난이라는 포장지를 풀면 안에 축복이 담겨져 있습니다. 고난 자체를 보면 너무나 힘들고 고통스럽겠지만 그 속에 축복이라는 선물이 담겨져 있음을 잊지 말아야 합니다.

또한 고난은 하나님의 훈련 과정입니다. 하나님이 예비하신 축복을 담을 만한 깨끗한 그릇이 되도록 우리를 준비시키는 하나님의 훈련과정인 것입니다. 그러므로 어려움이 다가올 때, 문제가 끊이지 않을 때, 고통에 지쳐 슬픔에 잠길 때 '주님, 이 일을 통해 저의 믿음이 자라고 하나님의 크신 은혜를 체험하기 원합니다'라고 기도하기 바랍니다. 성경에 나오는 믿음의 사람은 어려울 때 결코 불평하지 않았습니다. 형들에게 미움을 받아 노예로 팔려간 요셉은 13년 동안 노예로, 죄수로 살았지만 한번도 원망하거나 불평하지 않았습니다. 그러자 하나님이 요셉을 범사에 형통하게 하셨습니다. 애굽의 총리가 되어 자신의 가족과 애굽, 전 세계를 구원하도록 인도하셨습니다.

우리는 고난을 선으로 바꾸시는 하나님의 은혜를 기억해야 합니다. 지금 당한 고난과 어려움에 대해 불평과 원망, 부정적인 말을 하는 대신 하나님의 은혜를 구하는 신앙을 가져야 합니다.

나눔의 시간

진학이나 취업, 삶의 중요한 사건 가운데 전화위복의 상황을 경험한 적이 있는지 나눠 봅시다.

결단의 시간

악을 선으로 바꾸시는 하나님을 믿고 우리의 언어를 변화시킵시다. 불평과 부정적인 말 대신 믿음의 말을 사용하기로 결단합시다.

함께하는 기도

하나님 아버지, 힘들고 지쳐서 불평하고 원망하려 할 때마다 하나님의 은혜와 기적을 바라보는 믿음을 주옵소서. 믿음의 말로 신앙을 고백하게 하시고, 고난이 하나님의 위장된 축복임을 기억하며 감사할 수 있도록 인도해 주옵소서. 하나님이 주시는 형통의 복을 누리는 삶과 가정이 되도록 역사해 주옵소서. 예수님의 이름으로 기도합니다. 아멘.

암송 말씀

> 그리스도의 고난이 우리에게 넘친 것 같이 우리가 받는 위로도 그리스도로 말미암아 넘치는도다 _고린도후서 1:5

주기도문

9월 10일

죄인을 부르러 오신 예수님

신앙고백 | 사도신경
찬송 | 277, 279장
본문 말씀 | 마가복음 2장 16-17절

> 바리새인의 서기관들이 예수께서 죄인 및 세리들과 함께 잡수시는 것을 보고 그의 제자들에게 이르되 어찌하여 세리 및 죄인들과 함께 먹는가 예수께서 들으시고 그들에게 이르시되 건강한 자에게는 의사가 쓸 데 없고 병든 자에게라야 쓸 데 있느니라 나는 의인을 부르러 온 것이 아니요 죄인을 부르러 왔노라 하시니라

<mark>우리는 스스로 돌아봐도</mark> 참 문제가 많은 사람입니다. 주님을 사랑한다 하면서도 주님을 외면하고 우리 뜻과 고집대로 살아갑니다. 때로는 주님을 배반하고 죄 가운데 빠져 살기도 합니다. 예수님을 믿고 하나님의 자녀가 되었지만 급한 성질 하나도 다스리지 못합니다. 자기중심적인 삶을 살면서 항상 자기 뜻만을 고집하고, 우리보다 덜 갖고 덜 배운 사람을 보면 얕보는 교만한 마음을 가질 때도 있습니다.

그럼에도 불구하고 주님은 우리의 이런 모습을 불쌍히 여기고 용서해 주십니다. 우리가 하나님의 거룩한 자녀로 변화될 때까지 포기하지 않고 변함없는 사랑과 은혜를 베풀어 주십니다. 만약 우리가 죄를 지을 때마다 하나님이 즉시 심판하셨다면 인류 역사는 수만 번 끊겼을 것입니다. 참으시고 용서하시고 다시 은혜를 베푸시는 주님의 사랑은 말로 다 표현할 수 없습니다.

예수님의 사랑 때문에 우리가 하나님의 자녀로 살아갈 수 있습니다. 그 사랑 때문에 우리가 사는 것입니다. 그러므로 우리는 주님의 사랑을 기억하고 감사하며, 하나님의 자녀답게 살아가도록 노력해야 합니다.

나눔의 시간

가족일수록 더 존중하고 섬겨야 하는데, 짜증내고 불평하는 모습은 없습니까? 부족하고 연약함에도 불구하고 용납해 주는 가족의 소중함에 대해 감사하는 시간을 가집시다.

결단의 시간

주님의 사랑을 기억하며 그리스도인답지 못한 우리의 행동을 바로잡아야 합니다. 주님의 사랑에 보답하고, 하나님의 자녀답게 살기 위해 결단합시다.

함께하는 기도

하나님 아버지, 하나님의 자녀답지 못한 죄인임에도 불구하고 우리를 포기하지 않으시고 사랑해 주시는 주님의 은혜에 감사드립니다. 또한 그런 모습을 용납해 주는 가족을 허락해 주셔서 감사합니다. 사랑과 은혜를 기억하며 하나님의 자녀답게 감사하고 보답하는 삶과 가정 되도록 역사해 주옵소서. 예수님의 이름으로 기도합니다. 아멘.

암송 말씀

> 예수께서 들으시고 그들에게 이르시되 건강한 자에게는 의사가 쓸 데 없고 병든 자에게라야 쓸 데 있느니라 나는 의인을 부르러 온 것이 아니요 죄인을 부르러 왔노라 하시니라 _마가복음 2:17

주기도문

그리스도인의 축복

9월 11일

삼중축복

신앙고백 | 사도신경
찬송 | 405, 436장
본문 말씀 | 요한삼서 1장 1-4절

> 장로인 나는 사랑하는 가이오 곧 내가 참으로 사랑하는 자에게 편지하노라 사랑하는 자여 네 영혼이 잘됨 같이 네가 범사에 잘되고 강건하기를 내가 간구하노라 형제들이 와서 네게 있는 진리를 증언하되 네가 진리 안에서 행한다 하니 내가 심히 기뻐하노라 내가 내 자녀들이 진리 안에서 행한다 함을 듣는 것보다 더 기쁜 일이 없도다

　사도 요한은 가이오가 진리 가운데 행한다는 칭찬의 말을 들었습니다. 다시 말하면 주의 말씀을 잘 지켜 행한다는 것입니다. 사도 요한은 그 말을 듣고 매우 기쁜 마음에 다음과 같이 가이오를 마음껏 축복했습니다.
　"사랑하는 자여 네 영혼이 잘됨 같이 네가 범사에 잘되고 강건하기를 내가 간구하노라"요삼 1:2 이 놀라운 축복의 말씀은 진리를 따라 살아가는 자에게 주어진 것입니다. 주의 말씀을 신실하게 따르는 자에게 영혼이 잘됨 같이 범사가 잘되고 강건하게 되는 축복이 임한다는 것입니다.
　주의 말씀을 따라 사랑을 실천하는 자녀에게 삼중축복이 임합니다. 항상 주의 말씀대로 살아간다면 삼중축복의 말씀을 주시는 주님의 음성을 들을 수 있습니다. 이웃에게 칭찬받고 하나님께 영광 돌리는 삶을 살 때 '사랑하는 자여!' 라고 부르시는 주님의 음성이 나에게 들리는 것입니다.

나눔의 시간

얼마나 자주 가족에게 사랑과 존경의 마음을 표현합니까? 서로에게 사랑을 고백하고 마음을 다해 축복하는 시간을 가집시다.

결단의 시간

삼중축복의 비밀은 주의 말씀을 따라 사랑을 실천하는 데 있습니다. 복 받을 행동이 복을 가져오는 것입니다. 가족을 축복함에 있어서도 먼저 서로 복을 빌어주고, 복 받을 수 있도록 존중하고 사랑하는 것이 필요합니다. 오늘 우리에게 필요한 배려에 대해 생각하고 결단하는 시간을 가집시다.

함께하는 기도

하나님 아버지, 서로 축복하는 믿음의 가정이 되도록 인도해 주옵소서. 축복하고 싶은 마음이 가득한 사랑 넘치는 가정 되기를 원합니다. 이를 위해 먼저 사랑하고, 섬길 줄 아는 배려의 사람 되기를 결단합니다. 작은 일부터 큰 일까지 사랑과 존중이 넘치는 가정 되도록 역사해 주옵소서. 예수님의 이름으로 기도합니다. 아멘.

암송 말씀

사랑하는 자여 네 영혼이 잘됨 같이 네가 범사에 잘되고 강건하기를 내가 간구하노라
_요한삼서 1:2

주기도문

9월 12일

풍성한 은혜

신앙고백 | 사도신경
찬송 | 478, 482장
본문 말씀 | 에베소서 3장 20-21절

> 우리 가운데서 역사하시는 능력대로 우리가 구하거나 생각하는 모든 것에 더 넘치도록 능히 하실 이에게 교회 안에서와 그리스도 예수 안에서 영광이 대대로 영원무궁하기를 원하노라 아멘

우리 안에 역사하시는 하나님의 능력은 구하는 것이나 생각하는 것을 능가합니다. 하나님은 우리가 구하거나 생각하는 모든 것에 더 넘치도록 부어 주십니다. 하나님의 은혜는 이처럼 '풍성한 은혜'입니다. 모자라지 않고 차고 넘치는 은혜입니다. 예수님은 "내가 온 것은 양으로 생명을 얻게 하고 더 풍성히 얻게 하려는 것이라" 요 10:10고 말씀하셨습니다.

한국 사람을 보면 풍성한 은혜가 뭔지 이미 알고 있는 것 같습니다. 흔히 '손이 크다'고 하지 않습니까? 우리는 음식을 할 때도 항상 풍족히 해서 먹고 남음이 있도록 합니다. 또한 인심이 좋아서 배부른데도 "더 드세요" 하면서 자꾸 퍼 줍니다. 괜찮다고 해도 더 드시라면서 자꾸 권합니다. 그래서 배가 불러 헉헉거려야 '아이고, 참 잘 먹었다'고 생각합니다.

음식뿐만 아니라 우리의 영적 삶도 이렇게 풍성하기를 원합니다. 믿음이 충만하고 사랑이 충만하고 감사가 충만해서 하나님의 '풍성한 은혜'를 경험하기를 원합니다.

나눔의 시간

살면서 받은 가장 만족스러운 선물, 가장 실망스러운 선물은 무엇입니까? 선물을 받았을 때 마음은 어땠는지 나눠 봅시다.

결단의 시간

주님은 우리에게 항상 넘치는 풍성한 은혜를 주십니다. 그렇기 때문에 우리의 믿음, 감사, 예배도 넘치고 풍성해야 합니다. 주님께 더 많은 감사, 기도, 예배를 드리기 위해 헌신할 것은 무엇인지 생각해 봅시다.

함께하는 기도

하나님 아버지, 주님이 주시는 풍성한 은혜를 누리기 원합니다. 우리가 생각하고 기대하는 것보다 항상 더 많은 것을 채워 주시는 주님을 만나기 원합니다. 이를 위해 더 많은 감사와 기도, 예배로 하나님께 영광 돌릴 수 있도록 인도해 주옵소서. 우리에게 풍성한 믿음을 허락해 주옵소서. 예수님의 이름으로 기도합니다. 아멘.

암송 말씀

> 우리 가운데서 역사하시는 능력대로 우리가 구하거나 생각하는 모든 것에 더 넘치도록 능히 하실 이에게 _에베소서 3:20

주기도문

그리스도인의 축복

9월 13일

르호봇

신앙고백 | 사도신경
찬송 | 350, 353장
본문 말씀 | 창세기 26장 19-22절

> 이삭의 종들이 골짜기를 파서 샘 근원을 얻었더니 그랄 목자들이 이삭의 목자와 다투어 이르되 이 물은 우리의 것이라 하매 이삭이 그 다툼으로 말미암아 그 우물 이름을 에섹이라 하였으며 또 다른 우물을 팠더니 그들이 또 다투므로 그 이름을 싯나라 하였으며 이삭이 거기서 옮겨 다른 우물을 팠더니 그들이 다투지 아니하였으므로 그 이름을 르호봇이라 하여 이르되 이제는 여호와(야훼)께서 우리를 위하여 넓게 하셨으니 이 땅에서 우리가 번성하리로다 하였더라

이삭은 하나님의 은혜로 부자가 되었지만 이 때문에 위기도 발생했습니다. 블레셋 사람들이 그를 질투하고, 미워하기 시작한 것입니다. 그들은 이삭의 모든 우물을 흙으로 메우고 자신의 땅에서 이삭을 쫓아냅니다. 그래서 그랄 골짜기로 옮겨갔지만 이번에는 그랄 골짜기 목자들이 이삭의 우물을 빼앗고 쫓아냅니다. 보통은 '눈에는 눈 이에는 이'가 정당하다고 느끼는 법입니다. 그런데 이삭은 그렇게 하지 않았습니다. 그는 사람들이 자기의 우물을 빼앗자, 자기 종들을 다른 곳에 보내 우물을 다시 파도록 합니다. 대부분 싸우는데 그렇게 하지 않았습니다. 무려 세 번이나 이와 같은 일이 반복되었지만 이삭은 싸움을 피해 다른 곳을 찾아서 떠납니다.

결국 이삭은 사람들이 괴롭히지 않는 르호봇이라는 곳에 정착합니다. 르호봇은 '충분히 넓다'는 뜻을 가지고 있습니다. 그곳이 이삭이 살기에 충분히 넓고 좋은 땅이라는 것입니다. 자기 권리를 주장하지 않고 계속해서 밀려났지만 가장 좋은 땅을 차지하게 된 것입니다. 이것이 바로 하나님의 섭리입니다. 자기 것을 주장하지 않고 양보할 때, 가장 좋은 것을 주시는 하나님의 은혜를 경험하게 됩니다.

나눔의 시간

뜻하지 않은 싸움으로 마음이 불편했던 적이 있습니까? 그때의 상황과 마음에 대해서 나눠 봅시다.

결단의 시간

공동체나 가정에서 다투지 않고 양보하는 것도 우리에게 복이 됩니다. 삶 가운데 다른 이를 위해 양보해야 하는 부분이 있다면, 하나님의 은혜와 복을 기대하며 양보하기로 결단합시다.

함께하는 기도

하나님 아버지, 가정과 직장, 속해 있는 공동체의 평화를 위해 이삭처럼 양보하는 사람이 되기 원합니다. 르호봇과 같은 복 주실 주님의 은혜를 기대하고, 오늘 우리의 권리를 내려놓는 믿음 갖기를 소망합니다. 우리 모두가 이러한 복과 은혜를 성취하는 평화의 사람이 되도록 인도해 주옵소서. 예수님의 이름으로 기도합니다. 아멘.

암송 말씀

> 이삭이 거기서 옮겨 다른 우물을 팠더니 그들이 다투지 아니하였으므로 그 이름을 르호봇이라 하여 이르되 이제는 여호와(야훼)께서 우리를 위하여 넓게 하셨으니 이 땅에서 우리가 번성하리로다 하였더라 _창세기 26:22

주기도문

그리스도인의 축복

9월 14일

하나님의 생각

신앙고백 | 사도신경
찬송 | 285, 292장
본문 말씀 | 이사야 55장 7-9절

> 악인은 그의 길을, 불의한 자는 그의 생각을 버리고 여호와야훼께로 돌아오라 그리하면 그가 긍휼히 여기시리라 우리 하나님께로 돌아오라 그가 너그럽게 용서하시리라 이는 내 생각이 너희의 생각과 다르며 내 길은 너희의 길과 다름이니라 여호와야훼의 말씀이니라 이는 하늘이 땅보다 높음 같이 내 길은 너희의 길보다 높으며 내 생각은 너희의 생각보다 높음이니라

주님은 항상 주님을 의지하고 바라는 이들에게 생각지도 못한 놀라운 축복과 기적을 허락하십니다. 주변에 보면 절대로 예수님을 믿지 않을 것처럼 보이는 사람도 있습니다. 그러나 그것은 편견과 교만입니다. 하나님이 고치지 못할 사람은 없습니다. 아무리 악한 죄인이라 할지라도 하나님은 그를 향한 놀라운 계획을 가지고 계십니다.

1990년대에 사람을 살해하고 인육까지 먹어 전 국민을 충격에 빠트린 '지존파 사건'의 주범 김현양은 교도소에서 복음을 듣고 예수님을 영접했습니다. 그리고 사형집행대에 올라 찬송가 305장 '나 같은 죄인 살리신'을 부른 후, "말할 수 없이 큰 죄인이 예수님을 믿고 과분한 사랑을 받고 갑니다"라고 마지막 말을 남겼습니다.

모든 사람을 구원하기 원하시는 하나님의 생각과 우리를 축복과 기적의 삶으로 인도하시는 하나님의 역사는 감히 측량할 수 없습니다. 그러므로 겸손한 마음으로 하나님을 높여 드리고 하나님의 뜻을 깨닫기 위해 간절히 부르짖어 기도해야 합니다. 주님을 만나기 위해 우리의 고집과 교만을 다 내려놓고 예수님의 십자가를 바라봐야 합니다. 그럴 때 하나님은 놀라운 능력으로 우리를 변화시켜 주시고 축복의 통로로 사용하여 주십니다.

나눔의 시간

다른 사람을 위해 이벤트나 깜짝 놀랄만한 파티를 해준 적이 있습니까? 주인공을 위해 무엇을 준비했고, 어떤 노력을 했는지 나눠 봅시다.

결단의 시간

우리를 향한 하나님의 이벤트가 진행되고 있음을 믿습니까? 하나님이 우리를 위해 좋은 것을 예비하시고, 섭리하심을 믿어야 합니다. 편견과 교만으로 가득했던 우리의 마음을 내려놓고, 믿음과 소망을 가질 것을 결단합시다.

함께하는 기도

하나님 아버지, 우리를 구원하길 원하시고, 우리 삶에 역사하시는 주님을 믿습니다. 그동안 우리 삶에 대해 가졌던 고집과 편견, 교만을 버리고 회개합니다. 하나님의 계획과 섭리 가운데 우리가 선하게 인도받을 것을 기대하고 믿습니다. 은혜를 베풀어 주옵소서. 예수님의 이름으로 기도합니다. 아멘.

암송 말씀

이는 내 생각이 너희의 생각과 다르며 내 길은 너희의 길과 다름이니라 여호와(야훼)의 말씀이니라 _이사야 55:8

주기도문

9월 15일

십일조의 복

신앙고백 | 사도신경
찬송 | 438, 441장
본문 말씀 | 말라기 3장 10-12절

> 만군의 여호와야훼가 이르노라 너희의 온전한 십일조를 창고에 들여 나의 집에 양식이 있게 하고 그것으로 나를 시험하여 내가 하늘 문을 열고 너희에게 복을 쌓을 곳이 없도록 붓지 아니하나 보라 만군의 여호와야훼가 이르노라 내가 너희를 위하여 메뚜기를 금하여 너희 토지 소산을 먹어 없애지 못하게 하며 너희 밭의 포도나무 열매가 기한 전에 떨어지지 않게 하리니 너희 땅이 아름다워지므로 모든 이방인들이 너희를 복되다 하리라 만군의 여호와야훼의 말이니라

십일조는 하나님께서 우리 삶의 주인이라는 사실을 인정하는 신앙고백입니다. 그러므로 십일조는 해도 그만 안 해도 그만인 것이 아니라 우리의 의무입니다. 우리는 예수님의 주인 되심을 인정하는 사람이기 때문입니다.

알버트 A. 하이드Albert A. Hyde는 작은 서점을 운영하다 경제공황으로 파산해 약 10만 달러의 빚을 졌습니다. 하지만 절망적인 상황에서 포기하지 않고 기도했습니다. 그러던 중 은혜를 체험했고 무엇보다 지난날 형식적인 신앙생활에 젖어 헌금에 불성실했던 것을 회개했습니다. 그리고 집을 팔아 빚을 정리한 후 하나님이 주인 되심을 고백하고 다시 십일조 생활을 시작하였습니다.

그는 신앙을 먼저 바로 세운 후, 기도하는 중에 지혜를 얻어 한 약품을 연구하게 됐고 제조, 판매했습니다. 그가 개발한 제품이 우리가 잘 아는 멘소래담 로션입니다. 그는 멘소래담 로션의 성공을 바탕으로 재기에 성공했고 세계적인 기업을 일궈냈습니다. 그리고 수입의 10분의 9를 드리는 헌금 생활을 했습니다.

십일조는 필요한 양식을 풍성하게 공급받고, 재앙에서 구원을 얻게 하는 복의 통로입니다. 알버트 하이드처럼 십일조를 통해 주님께서 주시는 복을 경험하는 귀한 삶 되기를 소망합니다.

나눔의 시간

우리는 기쁘고 즐거운 마음으로 헌금 생활을 하고 있습니까? 하나님의 복을 기대하고 있는지 우리의 마음과 자세를 나눠 봅시다.

결단의 시간

주님이 주실 복을 기대하며 감사함으로 헌금할 것을 결단합시다. 십일조가 복의 통로임을 기억하며 주님께 기쁜 마음으로 드릴 것을 결단합시다.

함께하는 기도

하나님 아버지, 주님이 주신 은혜와 사랑을 기억하고, 주님이 베푸실 능력을 사모하는 믿음 갖기 원합니다. 쌓을 곳이 없도록 부어 주시는 주님의 복을 누리는 삶이 되도록 인도해 주옵소서. 십일조를 통한 복을 경험할 수 있도록 역사해 주옵소서. 예수님의 이름으로 기도합니다. 아멘.

암송 말씀

만군의 여호와야훼가 이르노라 너희의 온전한 십일조를 창고에 들여 나의 집에 양식이 있게 하고 그것으로 나를 시험하여 내가 하늘 문을 열고 너희에게 복을 쌓을 곳이 없도록 붓지 아니하나 보라 _말라기 3:10

주기도문

9월 16일

그리스도인의 축복

사람 막대기와 인생 채찍

신앙고백 | 사도신경
찬송 | 446, 449장
본문 말씀 | 사무엘하 7장 14-15절

> 나는 그에게 아버지가 되고 그는 내게 아들이 되리니 그가 만일 죄를 범하면 내가 사람의 매와 인생의 채찍으로 징계하려니와 내가 네 앞에서 물러나게 한 사울에게서 내 은총을 빼앗은 것처럼 그에게서 빼앗지는 아니하리라

　미국 메사추세츠 종합병원의 정신과 전문의 에릭 린드맨Erich Lindemann 박사가 위기에 빠진 사람에 대해서 조사했습니다. 병든 사람, 사업에 실패한 사람, 또 사회적으로 어려움을 겪은 사람을 조사한 결과, 위기를 당한 사람 중 85%의 경우 결국 위기가 축복이 되었다는 결과를 얻었습니다.
　그들이 위기를 극복하기 위해 하나님을 의지하며 신앙생활을 더욱 철저히 했고, 나쁜 습관을 고쳤으며, 시간과 물질을 절약해 가정이 바르게 회복되었기 때문이었습니다.
　우리가 신앙적으로 해이해지고 열심을 잃어버리고 주님이 보시기에 부끄러운 모습으로 살아갈 때, 하나님은 우리를 책망하십니다. '사람 막대기와 인생 채찍'으로 우리 삶을 견책하십니다. 우리 삶 가운데 고난과 어려움을 허락하십니다. 그러나 우리가 주님의 사랑의 채찍으로 정신을 차려서 다시 첫 신앙의 뜨거움을 회복하면 하나님이 갑절로 복을 내려 주십니다. 회복의 역사를 허락해 주십니다.

🤚 나눔의 시간

반복적으로 듣는 잔소리가 있습니까? 부모의 훈계를 들을 때 어떻게 반응합니까? 그것이 사랑에서 나온 것임을 기억하고 경험을 나눠 봅시다.

🤚 결단의 시간

사랑이 없으면 꾸짖거나 야단치지 않습니다. 관심이 있고 아끼는 마음이 있어야 꾸짖고 야단도 치는 것입니다. 설교 말씀, 부모의 훈화를 대할 때 사랑의 마음을 읽을 줄 알아야 합니다. 사랑과 관심, 감사하는 마음을 갖겠다고 결단합시다.

🤚 함께하는 기도

하나님 아버지, 주님이 허락하신 '사람 막대기와 인생 채찍'이 사랑임을 기억합니다. 부모의 잔소리가 사랑과 관심의 표현임을 잊지 않겠습니다. 오늘 주님이 허락하신 사랑의 채찍에 감사하게 하시고, 무너진 우리의 신앙과 삶이 회복되는 역사가 일어날 수 있도록 인도해 주옵소서. 예수님의 이름으로 기도합니다. 아멘.

🤚 암송 말씀

나는 그에게 아버지가 되고 그는 내게 아들이 되리니 그가 만일 죄를 범하면 내가 사람의 매와 인생의 채찍으로 징계하려니와 _사무엘하 7:14

🤚 주기도문

9월 17일

주의 손

신앙고백 | 사도신경
찬송 | 453, 455장
본문 말씀 | 사도행전 11장 19-21절

> 그 때에 스데반의 일로 일어난 환난으로 말미암아 흩어진 자들이 베니게와 구브로와 안디옥까지 이르러 유대인에게만 말씀을 전하는데 그 중에 구브로와 구레네 몇 사람이 안디옥에 이르러 헬라인에게도 말하여 주 예수를 전파하니 주의 손이 그들과 함께 하시매 수많은 사람들이 믿고 주께 돌아오더라

　우리는 때를 얻든지 못 얻든지 복음을 전해야 합니다. 하늘나라에 갈 때까지 힘써 주님의 일을 해야 합니다. 우리가 주님께 영광 돌릴 때 주님의 손이 우리의 삶에 함께하십니다.

　실제로 복음이 증거되는 곳에는 저는 자가 걷고, 눈먼 자가 보며, 귀신이 떠나가는 하나님의 능력이 나타납니다. '주님의 손'이 주님의 일을 감당하는 성도와 함께할 때 수많은 사람이 주님께 돌아오는 놀라운 역사가 일어났습니다. 이처럼 주님의 일을 할 때 놀라운 기적이 일어나는 것은 우리 때문이 아니라 '주님의 손'이 함께하기 때문입니다. 우리가 많이 기도하고 성령충만하면 주님이 주님의 손으로 일하십니다. 주님의 능력의 손, 권능의 손, 축복의 손, 기적의 손이 우리와 함께합니다.

　그러므로 주님의 일을 할 때, 우리는 두려워하거나 염려할 필요가 없습니다. 주님이 친히 일하셔서 놀라운 부흥의 역사가 일어나게 만들어 주시기 때문입니다.

🤎 나눔의 시간

누군가의 호의로 도움을 받았던 적이 있습니까? 어떤 도움이었으며, 왜 그런 호의를 받았는지 생각해 봅시다.

🤎 결단의 시간

주님의 손을 경험하려면 주님께 영광 돌리는 삶을 살아야 합니다. 주님의 기적과 능력은 복음을 증거하는 곳에서 일어납니다. 오늘 우리 삶 가운데 주님의 손이 함께하시려면 어떤 헌신이 필요할지 나눠 봅시다.

🤎 함께하는 기도

하나님 아버지, 주님의 손을 경험하는 삶과 가정이 되기 원합니다. 저주의 사슬이 끊어지고, 하나님의 능력과 기적을 맛보는 역사가 우리에게도 이루어지기 소망합니다. 이를 위해 필요한 것을 결단하고 순종하는 믿음 갖기를 원합니다. 주님의 영광을 위해 헌신하는 삶과 가정이 되도록 역사해 주옵소서. 예수님의 이름으로 기도합니다. 아멘.

🤎 암송 말씀

> 주의 손이 그들과 함께 하시매 수많은 사람들이 믿고 주께 돌아오더라 _사도행전 11:21

🤎 주기도문

9월 18일

기도의 복

신앙고백 | 사도신경
찬송 | 364, 365장
본문 말씀 | 마가복음 9장 28-29절

> 집에 들어가시매 제자들이 조용히 묻자오되 우리는 어찌하여 능히 그 귀신을 쫓아내지 못하였나이까 이르시되 기도 외에 다른 것으로는 이런 종류가 나갈 수 없느니라 하시니라

요즘 아이들의 문화는 우리가 자랄 때와는 차원이 다릅니다. 어른들은 아이들이 부르는 노래가 무슨 말인지조차 못 알아들을 때가 많습니다. 간혹 아이들이 온몸을 비틀면서 춤을 추는데, 그런 춤은 어떻게 추는지도 모릅니다. 또 온라인상에서 게임을 하는데 한번 앉으면 몇 시간 동안 일어나지도 않습니다. 그래서 뭐라고 하면 말대답하기 일쑤입니다. 요즘 아이들은 부모가 한 마디 하면 두 마디 하고, 두 마디 하면 세 마디 합니다.

하지만 그런 아이들도 하나님의 능력의 손에 붙들리면 변화되어 주님의 일꾼으로 쓰임 받게 됩니다. 따라서 부모는 자녀를 야단만 칠 것이 아니라 자녀들을 위해 눈물로 기도해야 합니다. 부모가 기도하면 하나님의 손을 움직일 수 있습니다. 기도하는 사람은 당할 수 없습니다. 기도하는 사람이 가정을 변화시킵니다. 또한 기도하는 사람이 교회를 살립니다. 기도하는 사람이 사회를 새롭게 만들고 국가의 운명을 바꾸어 놓습니다.

👊 나눔의 시간

기대와 다르게 행동하는 가족 때문에 가슴앓이를 한 적이 있습니까? 어떤 기대가 있었고, 그것이 무너졌을 때 마음이 어땠는지 나눠 봅시다.

👊 결단의 시간

기도가 사람을 변화시키고, 가정과 사회와 교회를 변화시킵니다. 기도는 그리스도인에게 주님이 주신 가장 큰 축복입니다. 지금 어려움과 아픔 가운데 있는 자를 위해 함께 중보합시다. 기도로 그 삶이 변화되고 회복되는 역사를 경험합시다.

👊 함께하는 기도

하나님 아버지, 우리에게 기도라는 영적 선물을 허락해 주셔서 감사합니다. 귀신을 쫓아내고, 병든 자를 고치며, 삶을 변화시키기 위해 기도하기 원합니다. 지쳐있는 우리의 삶과 회복돼야 하는 가정과 주님의 복음을 들어야 할 삶의 터전을 변화시키고 회복시키는 기도의 사람, 기도의 가정이 되도록 역사해 주옵소서. 예수님의 이름으로 기도합니다. 아멘.

👊 암송 말씀

> 이르시되 기도 외에 다른 것으로는 이런 종류가 나갈 수 없느니라 하시니라
> _마태복음 9:29

👊 주기도문

그리스도인의 축복

9월 19일

윈-윈 전략

신앙고백 | 사도신경
찬송 | 461, 478장
본문 말씀 | 사도행전 11장 25-26절

> 바나바가 사울을 찾으러 다소에 가서 만나매 안디옥에 데리고 와서 둘이 교회에 일 년 간 모여 있어 큰 무리를 가르쳤고 제자들이 안디옥에서 비로소 그리스도인이라 일컬음을 받게 되었더라

우리 주위에는 다른 사람을 세워 주지 못하는 사람이 많습니다. '사촌이 땅을 사면 배가 아프다'는 속담처럼, 남이 잘되는 것을 지켜보지 못하기 때문입니다. 그러나 바나바는 그렇지 않았습니다. 그는 사울이 하나님 앞에서 귀하게 쓰임 받을 수 있는 사람이라는 것을 알았습니다. 자기보다 나은 점이 있다는 것도 알았습니다. 그래서 그는 사울을 안디옥으로 데려와 동역했습니다.

우리도 바나바처럼 남을 세워 주는 사람이 돼야 합니다. 신앙생활한 지 얼마 안 된 사람이 열심을 내면 등을 두드려 주면서 잘한다고 칭찬해 줘야 합니다. 계속 격려하면서 그를 세워 주어야 합니다. 그럴 때 우리 모두가 잘되는 하나님의 복이 임합니다. 이것이 서로가 잘되는 윈-윈 전략 win-win strategy 입니다. 바나바가 사울을 세워 주었을 때 바나바와 사울 모두가 잘되었던 것처럼 우리도 다른 사람을 세워서 서로 잘돼야 합니다.

🫶 나눔의 시간

'사촌이 땅을 사면 배가 아프다'는 속담처럼, 다른 사람이 잘되는 것을 불편하게 여기고 질투했던 적은 없습니까? 언제 누구에게 그런 마음을 가졌는지 나눠 봅시다.

🫶 결단의 시간

바나바가 사도 바울을 세웠을 때 안디옥 교회는 건강하며, 선교의 초석이 되었습니다. 이처럼 누군가를 세워 주며, 인정하는 것은 우리 삶과 가정과 교회를 건강하게 만드는 복을 가져옵니다. 내가 세워 주고 인정해야 하는 사람은 누구입니까? 어떻게 그 사람을 세워 줄 수 있는지 생각하고 결단합시다.

🫶 함께하는 기도

하나님 아버지, 다른 누군가를 인정해 줄 수 있는 마음을 허락해 주옵소서. 우리 속에 있는 시기와 질투, 다툼은 다 사라지게 하시고, 사랑과 관용으로 서로를 인정하고 세워 주게 하옵소서. 이런 마음으로 인해 상대도 복을 받고, 우리도 복을 받는 윈-윈의 역사가 일어나길 원합니다. 바나바와 같은 마음으로 우리가 다른 사람들과 동역할 수 있도록 인도해 주옵소서. 예수님의 이름으로 기도합니다. 아멘.

🫶 암송 말씀

> 바나바가 사울을 찾으러 다소에 가서 만나매 안디옥에 데리고 와서 둘이 교회에 일 년간 모여 있어 큰 무리를 가르쳤고 제자들이 안디옥에서 비로소 그리스도인이라 일컬음을 받게 되었더라 _사도행전 11:25-26

🫶 주기도문

그리스도인의 축복

9월 20일

부활의 주님

신앙고백 | 사도신경
찬송 | 160, 165장
본문 말씀 | 요한복음 11장 25-26절

> 예수께서 이르시되 나는 부활이요 생명이니 나를 믿는 자는 죽어도 살겠고 무릇 살아서 나를 믿는 자는 영원히 죽지 아니하리니 이것을 네가 믿느냐

　하나님은 예수님을 죽은 자 가운데서 다시 살리셨습니다. 예수님의 부활은 구원의 완성이었습니다. 예수님이 십자가에서 죽으시고 부활하심으로 우리를 죄와 절망, 저주와 죽음에서 자유하게 하셨습니다. 그러므로 부활은 기독교의 핵심 진리입니다. 부활이 없으면 예수 그리스도의 십자가 죽음도 아무런 의미가 없고 우리의 신앙도 헛것이 됩니다.

　부활하셔서 지금도 살아계신 예수님을 믿는다면 누구든지 그 삶이 달라집니다. 절망이 희망으로, 슬픔이 기쁨으로 변하게 됩니다. 예수님을 믿으면 새로운 존재로 변화됩니다. 과거에는 저주의 노예, 죄의 노예였으나 이제는 하나님의 축복받은 자녀가 되어 이 땅에서 복된 삶을 살다가 주님이 "오라!"고 부르실 때 주님 품에 안기게 됩니다. 세상에 사는 동안 예수님을 잘 믿으면서 주님을 위해 헌신하다가 하나님 앞으로 가야 합니다.

나눔의 시간

누군가의 도움으로 절망스러운 상황에서 벗어난 적이 있습니까? 어떤 상황에서 누구를 만나, 무슨 도움을 받았는지 나눠 봅시다.

결단의 시간

부활의 주님은 우리의 삶을 절망에서 희망으로, 저주에서 축복으로 변화시키십니다. 그러므로 부활의 주님을 믿는 우리의 삶은 소망과 기쁨의 삶이어야 합니다. 그렇다면 우리의 말과 생각, 태도는 어떻게 변화되어야 합니까?

함께하는 기도

하나님 아버지, 예수 그리스도의 부활이 우리를 죄와 사망에서 구원했음을 기억합니다. 오늘 부활하신 주님의 은혜와 능력이 우리 삶을 덮어서 새로운 삶을 살아가도록 인도해 주옵소서. 우리 삶의 태도를 새롭게 변화시켜 주옵소서. 예수님의 이름으로 기도합니다. 아멘.

암송 말씀

> 예수께서 이르시되 나는 부활이요 생명이니 나를 믿는 자는 죽어도 살겠고 무릇 살아서 나를 믿는 자는 영원히 죽지 아니하리니 이것을 네가 믿느냐 _요한복음 11:25-26

주기도문

그리스도인의 축복

9월 21일

부모의 기도

신앙고백 | 사도신경
찬송 | 199, 579장
본문 말씀 | 이사야 65장 21-23절

> 그들이 가옥을 건축하고 그 안에 살겠고 포도나무를 심고 열매를 먹을 것이며 그들이 건축한 데에 타인이 살지 아니할 것이며 그들이 심은 것을 타인이 먹지 아니하리니 이는 내 백성의 수한이 나무의 수한과 같겠고 내가 택한 자가 그 손으로 일한 것을 길이 누릴 것이며 그들의 수고가 헛되지 않겠고 그들이 생산한 것이 재난을 당하지 아니하리니 그들은 여호와야훼의 복된 자의 자손이요 그들의 후손도 그들과 같을 것임이라

부모의 기도를 통해 자녀의 삶에 축복의 길이 열립니다. 미국의 16대 대통령인 에이브러햄 링컨은 어린 시절 가정 분위기에 대해 이렇게 회상했습니다. "어머니의 기도 소리가 오막살이 통나무집 구석구석에 깔려있는 것 같았습니다. 들에서 일할 때나 가게에 나가 일할 때도 어머니의 기도 소리는 언제나 내 주변에서 사라지지 않았습니다." 링컨 대통령이 미국에서 가장 존경받는 대통령이 될 수 있었던 것은 어머니의 기도 때문이라고 해도 과언이 아닙니다.

아무리 좋은 옷과 음식을 주고, 좋은 교육을 시켜 준다고 해도 자녀의 마음 가운데 하나님을 모시게 하지 못한다면 의미가 없습니다. 하나님의 은혜를 체험하며 살지 못한다면 세상의 좋은 것을 다 누려도 아무 것도 가지지 못한 것과 같기 때문입니다. 하나님 없는 풍요는 결코 축복이 아닙니다. 하나님 안에서 형통해야 그것이 참된 축복입니다.

부모가 자녀를 위해 가장 먼저 힘써야 할 일은 자녀의 신앙이 바로 서도록 기도하고 이끌어 주는 것입니다. 어머니의 눈물 어린 기도가 있으면 자녀의 일생에 주님의 은혜의 강물이 흘러갈 것입니다. 아버지의 무릎 꿇은 기도가 있으면 자녀는 일생에 주님께 순종하고 영광 돌리는 삶을 살게 될 것입니다.

나눔의 시간

예배할 때 정장을 입는다든지, 헌금은 신권으로 드리는 것과 같은 자신만의 규율이나 습관이 있습니까? 왜 그런 습관을 갖게 되었는지 나눠 봅시다.

결단의 시간

부모의 기도가 자녀에게 가장 큰 축복입니다. 신앙의 유산이 삶에서 가장 가치 있습니다. 자녀를 안아 주고 그 머리에 손을 얹고 축복하는 시간을 가집시다. 부모가 기도할 때 자녀는 아멘으로 화답하며, 하나님이 응답하실 것을 믿음으로 선포합시다.

함께하는 기도

하나님 아버지, (자녀의 기도) 우리에게 신앙의 유산을 물려줄 수 있는 부모님을 허락해 주셔서 감사합니다. 그 신앙 본받아서 믿음으로 승리하는 삶이 되도록 역사해 주옵소서. (부모의 기도) 자녀에게 믿음이라는 큰 선물을 줄 수 있도록 인도해 주셔서 감사합니다. 자녀에게 본이 되고, 힘이 되는 믿음의 부모가 될 수 있도록 인도해 주옵소서. 예수님의 이름으로 기도합니다. 아멘.

암송 말씀

> 그들의 수고가 헛되지 않겠고 그들이 생산한 것이 재난을 당하지 아니하리니 그들은 여호와야훼의 복된 자의 자손이요 그들의 후손도 그들과 같을 것임이라 _이사야 65:23

주기도문

9월 22일

칭의

신앙고백 | 사도신경
찬송 | 310, 321장
본문 말씀 | 사도행전 13장 38-39절

> 그러므로 형제들아 너희가 알 것은 이 사람을 힘입어 죄 사함을 너희에게 전하는 이것이며 또 모세의 율법으로 너희가 의롭다 하심을 얻지 못하던 모든 일에도 이 사람을 힘입어 믿는 자마다 의롭다 하심을 얻는 이것이라

죄의 문제를 해결하신 분은 예수님밖에 없습니다. 우리가 예수님을 믿으면 하나님은 우리를 의롭다고 칭해 주시는데 이것을 신학적인 용어로 '칭의'라고 합니다. 하나님이 우리를 '의롭다고 불러 주신다'는 뜻입니다. 실제로 우리는 의롭지 못하고 죄와 부끄러운 모습이 많지만 그럼에도 예수님을 믿으면 하나님은 십자가의 보혈로 우리의 허물과 죄를 덮어 주시고 의롭다고 인정해 주십니다. 로마서 4장 24-25절은 다음과 같이 말합니다. "의로 여기심을 받을 우리도 위함이니 곧 예수 우리 주를 죽은 자 가운데서 살리신 이를 믿는 자니라 예수는 우리가 범죄한 것 때문에 내줌이 되고 또한 우리를 의롭다 하시기 위하여 살아나셨느니라"

그래서 우리는 은혜로 삽니다. 예수님을 믿었던 그때부터 평생을 은혜로 삽니다. 구원은 전적으로 하나님의 은혜이며, 구원받은 우리는 예수님이 십자가에서 흘리신 보혈의 능력으로 살아갑니다. 우리가 일생을 사는 동안에 부활하신 예수님이 우리와 함께 계십니다. 그러므로 우리는 어떠한 문제와 고난도 넉넉히 이길 수 있습니다.

나눔의 시간

아프고 힘들 때 누군가가 대신 일해 준 적이 있습니까? 그 사람이 어떤 수고를 했는지와 그때의 감사한 마음을 나눠 봅시다.

결단의 시간

우리는 주님의 사랑과 은혜로 의롭다 칭함을 받았습니다. 의롭다 칭함을 받은 우리는 의롭게 살기 위해 노력해야 합니다. 은혜에 보답하기 위해 우리에게 필요한 것은 무엇인지 생각해 보고 실천하기로 결단합시다.

함께하는 기도

예수님 우리를 위해 십자가를 지시고 죄를 대속해 주셔서 감사합니다. 죄로 인해 죽을 수밖에 없는 부족하고 연약한 우리를 의롭다고 불러 주시니 감사합니다. 주님의 은혜를 기억하며 의롭게 살아가기 원합니다. 의로운 삶을 살 수 있도록 인도해 주옵소서. 예수님의 이름으로 기도합니다. 아멘.

암송 말씀

또 모세의 율법으로 너희가 의롭다 하심을 얻지 못하던 모든 일에도 이 사람을 힘입어 믿는 자마다 의롭다 하심을 얻는 이것이라 _사도행전 13:39

주기도문

9월 23일

그리스도인의 축복

그분의 형상대로

신앙고백 | 사도신경
찬송 | 289, 292장
본문 말씀 | 잠언 1장 22-23절

> 너희 어리석은 자들은 어리석음을 좋아하며 거만한 자들은 거만을 기뻐하며 미련한 자들은 지식을 미워하니 어느 때까지 하겠느냐 나의 책망을 듣고 돌이키라 보라 내가 나의 영을 너희에게 부어 주며 내 말을 너희에게 보이리라

　누구든지 주님을 진정으로 알고 영접하게 되면 변화를 받아 하나님께 쓰임받는 일꾼이 될 수 있습니다. 탈봇 신학교 교수인 마이클 윌킨스Michael J. Wilkins는 『그분의 형상대로』에서 자신의 변화된 삶에 대해 진솔하게 고백했습니다.
　"나는 청소년기에 가게에서 물건을 훔치는 나쁜 버릇을 가지고 있었습니다. 한번은 사탕 한 봉지를 슬쩍하다가 붙잡혀서 경찰서에 갔습니다. 그 후로는 결과가 두려워 도둑질은 하지 않았지만 여전히 남의 물건을 훔치고 싶었습니다. 겉으로는 변했지만 내적으로는 오랜 기간 동안 도둑이었습니다. 그러나 그리스도인이 되었을 때 참된 내적 변화가 찾아왔습니다. 성경을 읽으면서 하나님이 중요하게 여기시는 가치를 깨닫기 시작했습니다. 무엇보다 중요한 것은 이기적인 욕망을 위해 남의 물건을 훔치고 싶은 마음 대신 다른 사람을 돕고 싶은 마음이 생겼다는 것입니다. 마음이 변화되자 행동도 바꾸고 싶어졌습니다. 더 이상 누구의 것도 훔치고 싶지 않았습니다. 이렇게 해서 외적인 품행은 내적인 확신과 나란히 가게 되었습니다."

누구에게나 부끄러운 지난날의 모습이 있습니다. 그러나 그리스도 안에 있으면 새로운 피조물이 됩니다. 이전 것은 지나가고 새롭게 됩니다.

나눔의 시간

얼마 전 TV 프로그램에서 흡연자를 하루 동안 금연시키는 과정을 보여주었습니다. 그들에게 건강을 위한 마음은 있었지만 중독이 된 담배를 끊는 것은 어려웠습니다. 이처럼 바꾸기 힘든 습관이 있다면 말해 봅시다.

결단의 시간

하나님이 싫어하시는 것으로부터 돌이켜야 합니다. 회개해야 그리스도인답게 살아갈 수 있습니다. 그러나 회개하기 위해서 먼저 믿음을 가져야 합니다. 예수 그리스도를 인격적으로 경험해야 합니다. 이를 위해 필요한 것은 무엇인지 생각해 봅시다.

함께하는 기도

하나님 아버지, 우리 삶에서 반드시 버려야 할 더러운 습관이 제거되기 원합니다. 그리스도인답게 거룩한 삶을 살아가기 원합니다. 예수 그리스도를 인격적으로 만나 우리 내면이 거룩해질 수 있도록 인도해 주옵소서. 마음과 함께 삶이 깨끗해지는 은혜를 허락해 주옵소서. 예수님의 이름으로 기도합니다. 아멘.

암송 말씀

> 나의 책망을 듣고 돌이키라 보라 내가 나의 영을 너희에게 부어 주며 내 말을 너희에게 보이리라 _잠언 1:23

주기도문

9월 24일

다윗의 장막의 회복

신앙고백 | 사도신경
찬송 | 8, 29장
본문 말씀 | 아모스 9장 11-12절

> 그 날에 내가 다윗의 무너진 장막을 일으키고 그것들의 틈을 막으며 그 허물어진 것을 일으켜서 옛적과 같이 세우고 그들이 에돔의 남은 자와 내 이름으로 일컫는 만국을 기업으로 얻게 하리라 이 일을 행하시는 여호와야훼의 말씀이니라

아모스 선지자에게 예언의 말씀을 주신 배경은 다음과 같습니다. 다윗 왕국은 솔로몬의 아들 때에 와서 남유다와 북이스라엘로 나뉘어졌습니다. 그들은 우상을 숭배하고 하나님이 보내신 선지자들을 받아들이지 않고 죽이기까지 했습니다. 이로 인해 하나님의 심판을 받은 북이스라엘은 앗수르에 정복당했고 혼혈민족이 되어버렸습니다. 그리고 바벨론에 의해 멸망한 남유다의 백성은 포로로 끌려가게 되었습니다. 그 결과 다윗 왕국은 그저 '다윗의 장막'이라 불릴 만큼 퇴락해 버렸습니다.

그러나 하나님은 아모스 선지자를 통한 예언의 말씀에서 흩어진 이스라엘 백성을 다시 모아서 무너진 다윗의 장막을 부흥하던 때와 같이 회복시켜 주겠다고 약속하셨습니다. 이 예언은 예수 그리스도께서 다윗의 후손으로 세상에 오심으로 실현되었습니다.

실제로 예수님이 이 땅에 오심으로 하나님 나라의 일을 알게 되며, 병든 자가 고침 받고 귀신이 떠나가는 역사가 일어났습니다. 죄인과 창기가 주님 앞에 돌아와 하나님의 자녀가 되었습니다. 오늘 우리 삶에도 예수님이 임재하신다면 우리의 가정과 삶의 터전이 회복될 것입니다.

나눔의 시간

다른 사람과 비교해서 자신이 초라하다고 느껴질 때가 있습니까? 언제 왜 그런 마음이 드는지 나눠 봅시다.

결단의 시간

'몸짱'이 되려면 운동과 다이어트를 열심히 해야 합니다. 공부를 잘하려면 책을 읽어야 합니다. 마찬가지로 다윗 장막의 회복과 같은 경험을 하려면 주님의 임재를 사모해야 합니다. 주님의 임재가 있는 예배와 기도를 드리기 위해 애써야 합니다. 오늘 우리 가정의 회복을 놓고 통성으로 기도합시다.

함께하는 기도

하나님 아버지, 다윗의 장막이 주님의 오심으로 회복되었음을 기억합니다. 오늘 주님이 임재하심으로 우리의 가정과 삶의 터전이 회복되기를 원합니다. 하나님의 사랑과 은혜와 능력으로 우리가 변화되기를 소망합니다. 이 시간 임마누엘 하나님의 역사가 일어나 무너진 우리의 삶이 회복되도록 인도해 주옵소서. 예수님의 이름으로 기도합니다. 아멘.

암송 말씀

> 그 날에 내가 다윗의 무너진 장막을 일으키고 그것들의 틈을 막으며 그 허물어진 것을 일으켜서 옛적과 같이 세우고 _아모스 9:11

주기도문

9월 25일

아름다운 연합

신앙고백 | 사도신경
찬송 | 569, 570장
본문 말씀 | 잠언 27장 17절

철이 철을 날카롭게 하는 것 같이 사람이 그의 친구의 얼굴을 빛나게 하느니라

성도의 참된 교제는 하나님의 말씀으로 서로를 격려하고 위로하는 것입니다. 그러므로 성도의 교제에서 하나님의 말씀이 빠지면 아름다운 열매를 맺기 어려우며 참된 교제의 목적에서도 빗나가게 됩니다. 성도의 참된 교제는 서로가 더욱 하나님을 사랑하며 말씀대로 살도록 밀어주고 끌어주는 것입니다. 하나님의 말씀이 없으면 각자 소견에 옳은 대로 말하고 행동하다가 서로를 비판하고 따지게 되면서 기껏 받은 은혜를 다 쏟아버리게 됩니다. 그러면 공동체 안에 사랑의 질서가 깨어져 하나님의 평화가 임하지 않습니다. 하나님의 말씀 안에서 사랑으로 공동체가 하나될 때 하나님이 놀라운 축복을 더해 주시기 때문입니다.

말씀 안에서 주님을 사랑하도록 서로 격려하고 도우면 우리의 삶에 하나님의 영광이 임하면서 우리는 세상에서 빛나는 존재가 됩니다. 세상 사람은 성도의 아름다운 하나 됨을 보고 교회와 믿음에 대해 마음 문을 열게 됩니다. 우리의 아름다운 연합이 축복의 통로가 되어 세상을 아름답게 변화시키고 교회를 든든히 세워가는 것입니다.

🤎 나눔의 시간

부모의 다툼으로 가장 많이 상처받는 존재는 자녀입니다. 마찬가지로 자녀들이 싸울 때 부모의 근심은 커집니다. 이 시간 서로에게 용서를 구하고, 용서받는 시간을 가집시다.

🤎 결단의 시간

세상 사람 앞에서 믿음의 가정으로 축복의 통로로서의 역할을 잘 감당하기 위해 필요한 것은 무엇입니까? 이 시간 그것을 위해 기도하고 결단하는 시간을 가집시다.

🤎 함께하는 기도

하나님 아버지, 성도의 아름다운 연합이 가정 안에서 먼저 이루어지기 원합니다. 말씀 안에서 하나 되어 사랑을 실천하는 가정으로 하나님의 복이 우리를 통해 흘러가기를 원합니다. 믿음의 문, 구원의 문이 우리의 사랑과 연합을 통해 열릴 수 있도록 인도해 주옵소서. 예수님의 이름으로 기도합니다. 아멘.

🤎 암송 말씀

> 철이 철을 날카롭게 하는 것 같이 사람이 그의 친구의 얼굴을 빛나게 하느니라
> _잠언 27:17

🤎 주기도문

그리스도인의 축복

9월 26일

믿음의 가정

신앙고백 | 사도신경
찬송 | 559, 563장
본문 말씀 | 디모데후서 1장 5절

> 이는 네 속에 거짓이 없는 믿음이 있음을 생각함이라 이 믿음은 먼저 네 외조모 로이스와 네 어머니 유니게 속에 있더니 네 속에도 있는 줄을 확신하노라

디모데는 '거짓이 없는 믿음', 즉 진실하고 순수한 믿음을 소유한 사람이었습니다. 예수님을 믿고 하나님의 자녀가 된 성도 중에도 자신의 편의대로 말을 바꾸고 거짓말을 하는 사람이 있습니다. 그는 자기가 한 말에 책임을 지지 않는 신실하지 못한 사람입니다. 하나님도 그런 사람에게는 큰일을 맡기실 수가 없습니다. 하나님의 사람은 하나님과 사람 앞에서 진실하고 믿음직스러워야 합니다.

바울은 디모데의 거짓 없는 믿음이 그의 어머니와 외할머니로부터 비롯되었다고 말합니다. 그의 어머니 유니게와 외할머니 로이스는 진실하고 순수한 믿음을 가진 하나님의 사람이었으며 디모데도 그 믿음을 이어받아 신실한 그리스도인이 되었습니다.

하나님은 신앙의 전통이 든든히 서 있는 가문에 복을 주십니다. 그러므로 우리도 믿음의 가정을 만들도록 애써야 합니다. 믿음의 대를 이어 아름다운 신앙의 전통을 만들어 가야 합니다.

나눔의 시간

나는 부모의 어떤 부분을 닮았습니까? 부모로부터 영향을 받은 것 중에서 무엇이 좋고, 무엇이 싫습니까? 부모라면 자녀가 닮기를 원하는 것과 닮지 말았으면 하는 것을 나눠 봅시다.

결단의 시간

믿음의 가정에는 신앙의 유산이 있습니다. 가정예배, 축복기도와 같은 신앙의 전통이 있습니다. 오늘 우리 가정을 믿음의 가정으로 세워가기 위해 이어가야 할 좋은 전통에는 어떤 것이 있는지 생각해 보고 결단합시다.

함께하는 기도

하나님 아버지, 디모데의 가정처럼 신앙의 유산이 전해지는 믿음의 가정이 되길 소망합니다. 우리 가정에 필요한 신앙의 전통을 잘 세울 수 있도록 인도해 주시고, 그것을 위해 서로 격려하며 최선을 다할 수 있도록 역사해 주옵소서. 믿음으로 승리하는 가정 되도록 인도해 주옵소서. 예수님의 이름으로 기도합니다. 아멘.

암송 말씀

> 이는 네 속에 거짓이 없는 믿음이 있음을 생각함이라 이 믿음은 먼저 네 외조모 로이스와 네 어머니 유니게 속에 있더니 네 속에도 있는 줄을 확신하노라 _디모데후서 1:5

주기도문

9월 27일

그리스도인의 축복

축귀

신앙고백 | 사도신경
찬송 | 348, 350장
본문 말씀 | 야고보서 4장 7절

> 그런즉 너희는 하나님께 복종할지어다 마귀를 대적하라 그리하면 너희를 피하리라

귀신이 하는 일의 목적은 하나님의 자녀를 괴롭게 하고, 주님의 일을 방해하는 것입니다. 귀신은 사람을 미혹하고 속여서 영생을 얻지 못하고 멸망하게 만듭니다.

귀신은 우리의 원수입니다. 귀신의 역사를 내버려 두면 문제와 괴로운 일이 생깁니다. 그러므로 반드시 예수 이름으로 대적하여 쫓아내야 합니다. 귀신은 우는 사자와 같이 우리를 겁주려고 하지만 절대로 두려워해서는 안 됩니다. 우리가 예수 그리스도의 이름으로 무장하고 나아가면 귀신은 두려워 떨며 도망갑니다. 한 길로 왔다가 일곱 길로 쫓김을 받습니다.

이를 위해 항상 기도함으로 성령충만하여 깨어 있는 그리스도인이 돼야 합니다. 우리에게는 하나님 나라를 확장시키기 위해 공중 권세를 잡고 있는 흑암의 세력과 싸워 이겨야 할 사명이 있습니다. 예수 이름과 성령충만으로 무장하여 믿지 않는 사람을 사로잡고 있는 원수 마귀의 결박을 해체시키고 그들을 하나님 나라로 이끌어야 합니다.

✊ 나눔의 시간

혹시 귀신 들린 사람을 본 적이 있습니까? 악한 영에 사로잡힌 사람의 삶이 어떨지 생각해 봅시다.

✊ 결단의 시간

영적 전쟁에서 예수님은 이미 승리하셨습니다. 우리는 그 승리에 의지해서 전리품을 취하기만 하면 됩니다. 전리품이란 귀신의 역사를 쫓아내는 것입니다. 저주의 사슬을 끊어버리는 것입니다. 원수 마귀의 간계와 죄악의 올무에 사로잡혀 괴로워하는 자를 위해 예수 그리스도의 이름으로 기도해 줍시다.

✊ 함께하는 기도

하나님 아버지, 우리에게 축귀의 능력을 허락해 주셔서 감사합니다. 더러운 것이 우리의 삶에서 떠나가기를 예수 그리스도의 이름으로 기도합니다. 주님의 권능으로 죄악의 올무에서 벗어나게 하옵소서. 은혜와 능력을 더하여 주옵소서. 예수님의 이름으로 기도합니다. 아멘.

✊ 암송 말씀

그런즉 너희는 하나님께 복종할지어다 마귀를 대적하라 그리하면 너희를 피하리라
_야고보서 4:7

✊ 주기도문

9월 28일

그리스도인의 축복

기쁨

신앙고백 | 사도신경
찬송 | 445, 446장
본문 말씀 | 빌립보서 4장 1절

> 그러므로 나의 사랑하고 사모하는 형제들, 나의 기쁨이요 면류관인 사랑하는 자들아 이와 같이 주 안에 서라

　세상 사람은 육신과 안목의 정욕, 이생의 자랑에서 기쁨을 얻으려고 합니다. 당장 눈앞에 좋은 일이 없으면 괴로워하고, 육신의 만족을 느끼지 못하면 슬퍼합니다. 그러나 우리는 고난 가운데서도 기뻐할 수 있습니다. 우리는 세상 사람이 결코 누릴 수 없는 기쁨을 누리고 있기 때문입니다. 우리의 기쁨은 주님이 주시는 것입니다. 예수님은 "내가 이것을 너희에게 이름은 내 기쁨이 너희 안에 있어 너희 기쁨을 충만하게 하려 함이라"요 15:11고 말씀하셨습니다. 영원토록 변함이 없으신 주님이 우리의 기쁨이 되시기 때문에 시련과 역경이 다가오고 문제를 만나도 우리는 기뻐할 수 있습니다.

　세상의 기쁨은 금방 사라져 버립니다. 신나는 음악을 들어도 들을 때뿐이고, TV에서 재미있는 프로그램을 봐도 그때뿐입니다. 세상의 기쁨은 잠깐 즐거우나 우리를 다시 슬픔과 걱정과 근심에 빠지게 합니다. 그러나 예수님이 주는 기쁨은 누구도 빼앗아 갈 수 없는 영원한 것이기에 우리에게 참 평안을 가져다줍니다. 그러므로 주님은 어디에서나 우리에게 평안과 기쁨을 공급해 주시는 분임을 잊지 말아야 합니다.

💗 나눔의 시간

볼 때마다 마음이 기쁘고 즐거운 사람이 있습니까? 누구이며 왜 그런 마음을 가지게 됐는지 나눠 봅시다.

💗 결단의 시간

우리를 기쁘게 하는 것은 무엇입니까? 주님이 주시는 영원한 기쁨과 평안을 누리기 위해 무엇을 해야 할지 생각해 봅시다.

💗 함께하는 기도

하나님 아버지, 세상이 주는 기쁨에 우리의 마음을 빼앗기지 않기를 원합니다. 그 모든 것이 일시적이며 언제가 끝나리라는 것을 잊지 않게 해 주옵소서. 주님이 주시는 기쁨만이 영원하고 완전하다는 것을 기억하며 주님의 기쁨과 평안 가운데 거하는 삶과 가정 되도록 인도해 주옵소서. 예수님의 이름으로 기도합니다. 아멘.

💗 암송 말씀

> 그러므로 나의 사랑하고 사모하는 형제들, 나의 기쁨이요 면류관인 사랑하는 자들아 이와 같이 주 안에 서라 _빌립보서 4:1

💗 주기도문

9월 29일

성경

신앙고백 | 사도신경
찬송 | 453, 455장
본문 말씀 | 디모데후서 3장 14-17절

> 그러나 너는 배우고 확신한 일에 거하라 너는 네가 누구에게서 배운 것을 알며 또 어려서부터 성경을 알았나니 성경은 능히 너로 하여금 그리스도 예수 안에 있는 믿음으로 말미암아 구원에 이르는 지혜가 있게 하느니라 모든 성경은 하나님의 감동으로 된 것으로 교훈과 책망과 바르게 함과 의로 교육하기에 유익하니 이는 하나님의 사람으로 온전하게 하며 모든 선한 일을 행할 능력을 갖추게 하려 함이라

그리스도인에게 성경은 신앙의 근거이자 삶의 기준입니다. 성경은 기록된 하나님의 말씀이며 계시입니다. 모든 그리스도인은 성경에 근거하여 하나님이 기뻐하시는 바른 신앙생활을 할 수 있습니다.

많은 성도가 이단의 미혹에 쉽게 흔들리는 이유가 무엇입니까? 그들의 믿음이 성경에 기초를 두고 있지 않기 때문입니다. 우리가 말씀 위에 바로 서 있을 때에만 하나님이 기뻐하시는 바른 신앙생활을 할 수 있습니다.

주님 앞에서 복을 받으며 은혜 가운데 살아가기 위한 특별한 비결이 따로 있는 것이 아닙니다. 늘 주야로 말씀을 묵상하면서 그 가운데 거하며 살아가면 됩니다. 이것이 주님의 기적을 체험하며 하나님의 은혜 가운데 머물 수 있는 비결입니다. 즉 하나님의 말씀을 듣고, 읽고, 배운대로 실천하는 것이 바로 은혜의 삶입니다.

👊 나눔의 시간

좋은 성적을 받거나 합격하기 위해서는 어떤 노력이 필요할지 생각해 보고 그런 기억이 있다면 나눠 봅시다.

👊 결단의 시간

하나님의 말씀인 성경은 우리 삶의 사용설명서입니다. 성경이 가르치는 대로 실천할 때 잘 살 수 있습니다. 성경을 잘 알고 실천하려면 무엇이 필요한지 생각해 보고 결단합시다.

👊 함께하는 기도

하나님 아버지, 일생동안 저의 마음이 옥토와 같이 너그러운 마음이 되어 늘 주님의 말씀을 아멘으로 받을 수 있게 하여 주옵소서. 말씀을 받고 기도할 때마다 응답을 받게 하여 주옵소서. 예수님의 이름으로 기도합니다. 아멘.

👊 암송 말씀

> 모든 성경은 하나님의 감동으로 된 것으로 교훈과 책망과 바르게 함과 의로 교육하기에 유익하니 이는 하나님의 사람으로 온전하게 하며 모든 선한 일을 행할 능력을 갖추게 하려 함이라 _디모데후서 3:16-17

👊 주기도문

그리스도인의 축복

9월 30일

쉐마 이스라엘

신앙고백 | 사도신경
찬송 | 463, 478장
본문 말씀 | 신명기 6장 4-5절

> 이스라엘아 들으라 우리 하나님 여호와야훼는 오직 유일한 여호와야훼이시니 너는 마음을 다하고 뜻을 다하고 힘을 다하여 네 하나님 여호와야훼를 사랑하라

유대인은 여러 민족 가운데 많은 복을 받은 민족입니다. 2010년 1월 12일자 뉴욕타임스에 실린 평론가 데이비드 브룩스David Brooks의 칼럼은 유대인에 대해 다음과 같이 기술합니다. "유대인은 전 세계 인구의 0.2%밖에 안 되지만, 세계 체스 챔피언의 54%, 노벨 물리학상 수상자의 27%, 노벨 의학상 수상자의 31%가 유대인입니다. 이뿐만이 아닙니다. 유대인은 미국 인구의 2%에 불과하지만, 아이비리그 재학생의 21%, 케네디 센터 영예 수상자의 26%, 아카데미 시상식 감독상 수상자의 37%, 경제주간지 비즈니스위크가 뽑은 최대 기부자의 38%, 미국 퓰리처상의 보도 부문 수상자 가운데 51%가 유대인이라고 합니다. 유대인이 이렇게 엄청난 복을 받은 이유는 자녀를 하나님의 말씀으로 양육하기 때문입니다. 유대인 아이들이 태어나서 제일 먼저 배우는 말이 '이스라엘아 들으라' 는 뜻을 가진 '쉐마 이스라엘' 입니다. 신명기 6장 4-5절 말씀을 아이가 어릴 때부터 귀에 못이 박히게 듣고 외워서, 그 말씀이 아이의 일생을 인도하게 합니다."

유대인은 이렇게 하나님의 말씀을 소중히 여기며 말씀대로 살았기 때문에 하나님의 복을 받은 것입니다. 이처럼 우리도 하나님의 말씀을 소중히 여기면 영이 잘되고, 범사에 형통하며, 강건하게 되는 복을 받습니다. 그러므로 무엇보다 신앙을 우선으로 살아가는 복된 삶이 되도록 애써야 합니다.

나눔의 시간

삶에 힘이 되는 성경 말씀이 있다면 나눠 봅시다. 자신이 사랑하는 구절을 이야기하고 그 이유도 나눠 봅시다.

결단의 시간

위에서 나눈 하나님의 말씀 가운데 자신의 삶에 필요한 구절이 있습니까? 그 구절을 암송하고 결단해야 할 것이 있다면 삶에 적용해 봅시다.

함께하는 기도

하나님 아버지, 유대인이 하나님의 말씀을 사랑하고 순종함으로 복의 민족이 되었음을 기억합니다. 오늘 우리도 그들처럼 하나님의 말씀을 가까이 하며 최선을 다해 믿음의 가정을 세움으로 하나님의 복과 은혜를 넘치도록 받게 하옵소서. 예수님의 이름으로 기도합니다. 아멘.

암송 말씀

이스라엘아 들으라 우리 하나님 여호와(야훼)는 오직 유일한 여호와(야훼)이시니 너는 마음을 다하고 뜻을 다하고 힘을 다하여 네 하나님 여호와(야훼)를 사랑하라 _신명기 6:4-5

주기도문

초판 1쇄 발행 | 2014년 6월 10일

지은이 | 이영훈
펴낸곳 | 교회성장연구소
본부장 | 이장석
편 집 | 이지연 · 최윤선 · 이강임
디자인 | 박진실
마케팅 | 김미현 · 문기현 · 이경재
쇼핑몰 | 이기쁨 · 최명선 · 장시현
행 정 | 김수정 · 고의나

등록번호 | 제12-177호
주 소 | 서울특별시 영등포구 여의공원로 101 CCMM빌딩 9층 901A호
전 화 | 02-2036-7935
팩 스 | 02-2036-7910
웹사이트 | www.pastor21.net

ISBN 978-89-8304-230-9
ISBN 978-89-8304-226-2   04230(세트)

※ 책 가격은 뒤표지에 있습니다.
※ 잘못 만들어진 책은 바꿔 드립니다.

"무슨 일을 하든지 마음을 다하여 주께 하듯 하라" (골 3:23) ─────

교회성장연구소는 한국 모든 교회가 건강한 교회성장을 이루어 하나님 나라에 영광을 돌리는 일꾼으로 성장하는 것을 목표로, 목회자의 사역은 물론 성도들의 영적 성장을 도울 수 있는 필독서들을 출간하고 있다. 주를 섬기는 사명감을 바탕으로 모든 사역의 시작과 끝을 기도로 임하며 사람 중심이 아닌 하나님 중심으로 경영한다. "무슨 일을 하든지 마음을 다하여 주께 하듯 하라"는 말씀을 늘 마음에 새겨 하나님께서 주신 사명을 기쁨으로 감당한다.